Qingpu
Blend of Heritage
and Modernity

崧泽之光

龚柏顺　编著

海派
文化
地图

The Map of
Shanghai-style
Culture ·青浦卷·

主编 李华桂

练塘　　三泖渔庄　　崧泽　　福泉山　　国家会展中心　　大观园
山湖　　五王醉归图　　朱家角　　东方绿舟　　夏瑞芳　　宣卷　　蔡浜村　　白鹤
青浦博物馆　　课植园　　青浦崧泽公园　　陈云　　练塘菱白

上海交通大学出版社
SHANGHAI JIAO TONG UNIVERSITY PRESS

内容提要

以古文化和水文化为特色的青浦，有着丰厚的历史文化底蕴。早在六千多年前，上海最早的外来移民来到了境内的崧泽、福泉山等地聚居，他们在这块土地上辛勤劳动、繁衍生息，创造了灿烂的古代文化，开创了上海历史文明的先河。如今，地处申城西大门的青浦，正从"上海之源"迈向"上海之门"，大力塑造"海纳百川、追求卓越、开明睿智、大气谦和"的新形象，文化软实力和城市竞争力进一步提高。

《崧泽之光》，带你领略"上海之源"的文化魅力，感受传承历史文脉的时代价值。

图书在版编目(CIP)数据

崧泽之光 / 龚柏顺编著 . ——上海：上海交通大学出版社，2018
（海派文化地图）
ISBN 978-7-313-19942-3

Ⅰ . ①崧… Ⅱ . ①龚… Ⅲ . ①地方文化 - 介绍 - 青浦区
Ⅳ . ① K295.13

中国版本图书馆 CIP 数据核字（2018）第 181066 号

崧泽之光

编　　著：龚柏顺

出版发行　上海交通大学出版社　　　　　地　　址：上海市番禺路 951 号
邮政编码　200030　　　　　　　　　　电　　话：021-64071208
出 版 人：谈　毅
印　　制　上海锦佳印刷有限公司　　　　经　　销：全国新华书店
开　　本：710mm×1000mm　1/16　　印　　张：14.25
字　　数：118 千字
版　　次：2018 年 8 月第 1 版　　　　　印　　次：2018 年 8 月第 1 次印刷
书　　号：ISBN 978-7-313-19942-3/K
定　　价：65.00 元

"海派文化地图" 丛书编委会

主 任
姜 樑 吴 清

副主任
徐海鹰　王国平　顾国林　吴信宝
胡劲军　马建勋　于秀芬　柴俊勇

编 委
严 旭　左 燕　陈永弟　胡 敏
温新华　钱城乡　石宝珍　邰 荀
丁大恒　祝学军　刘海涛　王美新
邵林初　李华桂　陈勇章　邹 明

总主编　柴俊勇

执行总主编　浦祖康

图片总监　叶明献

英语顾问　黄协安

策划联络
张 奇　李墨龙　张致远　吴纪椿
慈兴国　初 旭

《崧泽之光》

编委会

主　任

李华桂

编　委

顾啸流　董永元　王海青　饶斐文

张正华

主　编

李华桂

序一

重绘海派文化的地理版图

柴俊勇

海派文化的地理版图究竟能画多大？

有人说，海派文化的兴起，源自上海170余年前的开埠……而从有关史料来看，四千年前即有一支河南东部移民迁徙上海，进而促使中原文化导入江南地区的这类文化融合的现象，或早已经为这个六千年前成陆的地域的文化，种下了"海派"的基因。而今天的海派文化，除了其发源地——上海以外，正在以Shanghai-style的文化姿态，影响着江苏、浙江、安徽乃至全国和海外……

上海，地处长江入海口，她背靠的是历史悠久的长江文明，前方则是浩瀚无垠的海洋文明，加上其是中国海岸线的南北中心点，地理优势可谓得天独厚。五方杂处，东西交融，既植根于中华传统文化，融汇着中国其他地域文化的精华，又凭借了开埠百余年的历史进程，吸纳了多国文化质素的上海，久而久之造就了"海纳百川、追求卓越、开明睿智、大气谦和"的城市精神与特有的文化性格。

上海境内的每个区或多或少都保留了能体现海派文化特色的原汁原味的历史遗存，同时，仍在不断积累、沉淀着和兴起海派文化的新思潮、新创造、新成就，同时海派文化亦正在向世界吞吐着印有上海印记的品牌、文学、影视、科技、医疗、教育……这些真实而鲜活的文化现象，为在新的历史时期开展关于海派文化的整体研究，整理海派文化的历史渊源，重绘海派文化的地理版图，描摹海派文化的未来走向，奠定了充满活力、赋予意义的源泉基础。

习近平同志在上海工作期间指出：虹口是海派文化的重要发祥地。"弘扬海派文化品格……加快建设上海国际文化大都市"是中共上海市委《关于制定上海市国民经济和社会发展第十三个五年规划的建议》中表述。该"建议"对海派文化没有就事论事，而是以"海派文化+"的方式，以弘扬"品格"为基调，揭开了五年"加快建设上海国际文化大都市"的序幕。在中共上海市第十一次代表大会报告中，中共上海市委主要领导则进一步描绘了上海作为"人文之城"的未来愿景——"中外文化交相辉映，现代和传统文明兼收并蓄，建筑是可阅读的，街区是适合漫步的，公园是最宜休憩的，市民是尊法诚信文明的，城市始终是有温度的"。在此不久前，市领导指出："必须下更大决心、花更大力气保留、保护更多历史建筑，保留、保护更多成片历史建筑风貌区""精心保护历史文脉、用心留存文化记忆"以及"以城市更新全新理念推进旧改"从"拆、改、留并举，以拆为主"，转换到"留、改、拆并举，以保留、保护为主"，同时"努力改善旧区居民的居住条件"。这似乎是对"建筑可阅读、街区可漫步、城市有温度"等的一种实践指南。

"文化"必须具备传承性、渗透性、共识性、延续性，"四性"缺一不可。海派文化以"开放包容、中西合璧、多元交融，精耕细作"的文化特征与品格，影响了世世代代的上海人，也向全国和世界展示上海独特的文化品格。"上海要在2040年成为卓越的全球城市，必须把文化发展放在城市功能和核心竞争力提升的重要位置。未来城市不会仅凭科技、制造业或金融等单一的优势立市，而是主要表现为线上与线下、技术与实业、传统与创新、过去和未来的融合、功能综合，市民精气神展示等特征，背后则是文化在起推动作用乃至决定性作用。文化大都市建设任重道远，上海作为我国改革开放排头兵、创新发展先行者，对外开放桥头堡，在文化建设上一直走在全国前列，在未来五年以及未来很长时间内，上海文化建设始终要体现国际水准、中国特色、上海精神，以此推动上海成为一座有底蕴、有质感、有脉搏的，传承过去、面向未来的人文之城。"

我们"弘扬海派文化品格"，要的是中华优秀传统文化和与世界优秀文化深度融合与创新的作用与作为，要的是海派文化如何潜移默化地影响和渗透上海的未来发展；要的是市民如何具备海派文化品格，提升文化素养，展现城市精神的点点滴滴，要的是在中国文化日趋开放的环境下如何展现中国"远东第一大都市"的魅力，让来到上海的移民与游客喜欢上海、融入海派文化……

我们感到，源远流长的海派文化内涵丰富，作用领域广泛，对于推动建设上海国际文化大都市意义重大。弘扬海派文化，必须绘制好海派文化的地理版图，只有让人们更多地了解身边的上海，才能更加爱上海这座城市。而要真正做到这点，必须充分发挥上海各区的资源优势和基础作用，发挥民间对于海派文化发展的积极作用，并鼓励社会力量以各种形式参与共同推动海派文化的传承发展。同时，进一步完善政府在培育、发展海派文化方面的政策扶持与工作举措。

此番编辑出版的"海派文化地图"丛书，由市政协领导和相关专委会共同牵头，并得到了各区政协的大力支持。丛书共分为17卷，其中16卷分别介绍16个区的海派文化资源特色和与海派文化有关的知名人物等，每一卷，将结合各区地域特色，阐述海派文化在区境内的发源、流布、传承、发展、复兴的历史轨迹和地理分布，说明海派文化的作用领域和对今世的意义。1 卷则为上海海派文化地图丛书的精选集。

希望这套丛书，能让市民与游客更多地发现和体验身边的海派文化，在品读书卷和行走城市之间，领略上海的都市风情和日新月异的变化，发现上海和海派文化的魅力。

2017 年 7 月 18 日

（国家行政学院兼职教授、上海开放大学公共管理学院首席教授）

序二

说海派文化特质

熊月之

依山多仁，傍水常智，乡处者多厚重，城居者常机灵，环境移人塑人，古今中外概莫能外。

近代上海由于国际国内多种因素错综复杂的作用，由一个普通沿海县城，迅速成长为中国特大都市。其政治架构一市三治，公共租界、法租界、华界各行其政，各司其法，互不统属，为寰宇之内绝无仅有。其经济体量异常巨大，工业、外贸、金融常占全国一半以上，人口众多且结构独特，五方杂处，中外混处，且流动频繁，既不同于荒僻的乡村山寨，不同于西安、北京等内地城市，也不同于广州、福州等沿海城市。与此相一致，其文化亦戛戛独造，出类拔萃，居民行事风格、价值观念、审美情趣，每每卓尔不群，与众不同，惹来路过者、访问者、风闻者、研究者一阵又一阵评论，或赞叹，或羡慕，或讥刺，或诅咒，或兼而有之，关键词都是：海派！海派！

海指上海，海派即上海流派。以地名作为地域文化流派之名，使其名实一体，与他处相区分，本是人们讨论、研究地域文化之惯例，古人即有南派、北派之区分，明清以来又有岭南、燕北、浙东、湘西等说法，其内涵多无褒无贬。惟海派之名诞生于近代，所涉城市为内涵极其复杂、褒贬不一的上海，故"海派"之名自始即颇多歧义。海派书画、海派京剧、海派服饰、海派文人，其抑扬意味在各领域并不一致。但是，寻根溯源，综核名实，异彩纷呈之海派表象背后，确乎有其统一的海派内核。任伯年等人的写实通俗画，吴友如等人的社会风情画，郑曼陀、杭稚英等人的月份牌广告，刘海粟的使用人体模特儿，周信芳等人的改良京剧、连台本戏、机关布景，刘雪庵等人所作风靡一时的《何日君再来》《夜来香》等歌曲，《礼拜六》等报纸期刊连载的言情小说、黑幕小说，凸显女性曲线的旗袍，适应复杂人群口味的改良菜肴，既吸收江南民居内涵、又适应集约型利用土地要求的石库门建筑，表现形式各有不同，或为绘画、戏曲，或为音乐、文学，或为服饰、饮食、建筑，但都有以下四个共同点，即趋利性或商业性、世俗性或大众性、灵活性或多变性、开放性或世界性。最根本的一点是趋利性，其他大众性、灵活性与开放性的基础仍是趋利。因为趋利，所以

绘画要迎合普通买主的胃口，画通俗、写实等喜闻乐见的内容，画时装美女、麒麟送子、八仙过海。因为趋利，所以要改良各地移到上海的菜肴，改造各地传入上海的戏曲，以适应来自五湖四海移民的需要。因为趋利，所以要写普通民众喜闻乐见的小说、歌曲，要演有趣好看、吊人胃口的连台本戏，写跌宕起伏、引人入胜的连载小说。因为趋利，所以房屋既要让居住者舒适，又要提高得房率，使大房东、二房东更多获利，联排式便广受欢迎。因为趋利，所以要不断花样翻新，不断追逐世界潮流，不断制造时尚。于是，美术、音乐、戏曲、小说等文学艺术不再单纯是传统意义上文以载道的工具，房屋也不能如乡村那么宏阔气派，而要适应市场、迎合市场、创造市场、扩大市场。

通过趋利性、世俗性、灵活性与开放性所反映出来的海派文化，其本质是在全球化背景下、人口高度集聚、以市场为资源配置根本途径、以满足最广大人民群众根本需要为旨趣的城市文化。

海派文化不限于上海，但以上海为早、为多、为甚，其影响也以上海为圆心，一圈一圈向外扩散开去。海派文化之形成，原因有许多方面，其中特别需要强调的有两点，一是江南文化，二是移民人口。

江南自唐代以后，就是中国经济、文化最为发达的地区，其经济结构、文化风格，有不同于北方的鲜明特点：其一，重商，商品经济相当发达，商人地位大为提高。宋代以后，棉、丝、盐、茶在江南经济中已占有相当高比例。明代江南，已经形成一个多样化、商品化和专业化、有着充分市场机会的经济结构。宋代以后，江南地区传统的士－农－工－商的顺序，实质上已经变成士－商－农－工，亦儒亦商、商儒合一家族在江南所在多有。元代以后，江南与国际市场已有广泛而密切的联系。其二，市民文化有了很大发展。反映追求声色货利的小说、传奇、歌谣、戏曲长盛不衰，《三言》《二拍》等公开言情言性的小说多为江南文人所作，所表现的思想、格调与官方倡导的意识形态大异其趣。其三，行为偏离正统。不守传统规矩，逾分越矩，讲究吃穿，讲究排场，奢侈成风，追求新奇，在江南已是普遍现象，上海地区尤为突出。最具标志性意义的是明代上海陆家嘴人陆楫，竟然专作奢侈有益论，系统论述传统的崇俭恶奢观念并不正确，认为禁奢崇俭并不能使民富裕，而适度奢侈倒能促进经济繁荣，对于社会发展有积极意义。这是中国古代经济思想史上一朵瑰丽的奇葩。上海本为江南一部分，近代上海人虽说来自全国各地，但绝大部分来自江南。所以，上海文化底色就是江南文化。

近代上海城市人口 80% 以上来自全国各地，还有一部分来自外国。本地人口少，移民人口多，便使得本地文化对由移民带来的外地文化排斥力、同化力不强，这为外来移民在上海立足、发展提供了难得的土壤。这一移民社会呈现高度的异质性、匿名性、流动性与密集性。在这里，传统熟人社会士绅对人们的道德约束机制荡然无存，个人能力的释放获得空前的自由与巨大的空间。晚清竹枝词中有一句话："一入夷场官不禁"，其实，不光"官不禁"，民也不禁。于是，个人安身立命的资本便主要是能力而不是家世，维系人际关系的便主要是契约而不是人情。于是，重利、竞争、好学、崇洋、灵活、多变、守法、包容等，便成为突出的社会现象，成为海派文化的重要符号。

还在民国时期，已有学者将海派文化作为上海城市文化的综合指称，高度肯定海派文化的丰富内涵与正面价值，认为上海在引进新思想、引导新潮流、引领现代化方面，担当了领导中国前进的"头脑"角色："一切新兴的东西，物质的，精神的，都由上海发动，然后推到全国去。虽然所谓新文化运动的五四运动发源于北京，一九二六年国民革命军发难于广东，可是上海仍是中国工、商、经济、文化、出版界的中心。从物质文化方面看，从非物质文化方面看，上海都是中国的头脑。"[1] 还有学者认为，"在文化上，上海和西洋文明接触密切，所以洋化气味较重，同时由于历次政治革命的激动，文化革新运动也随之勃发，所以海派的文化作风是好谈西洋文物，崇尚创新立

[1] 高植：《在上海》，《大上海》半月刊，1934 年第 1 期。

异"[1]，认为"做上海人是值得骄傲的，因为上海一切开风气之先，今后中国需要新的建设和新的作风，而在上海首先创导这种新建设和新作风"。[1] 人们还对海派文化如何扬长避短、创新发展进行了讨论，提出"培养我们的海派新风气，发挥我们海派的新力量"。[1]

江南文化本是魏晋以后由南方吴越文化吸收、融合了北方中原文化的某些成分而形成的，而海派文化则是由江南文化吸收、融合了西方文化的某些成分而形成的。在传统与现代、中国与世界、乡村与城市等相互联系的背景下看海派文化，可以清晰地看出，海派文化是中国的南北文化结晶品与近代西方文化的化合物，是城市化过程中的中国文化。在这个意义上，说海派文化代表了中国先进文化的前进方向，一点都不过分。

任何文化都兼具地域性与时代性。海派文化在不同时期，虽有一以贯之的内涵，也在不断地新陈代谢，有因袭，有创获，有损有益。不断地损益、代谢、嬗变，正是海派文化保持青春活力的根本特性。2015 年，中共上海市委关于"十三五"规划建议中指出，上海要"传承中华文化精髓、吸收世界文化精华、弘扬海派文化品格"，将上海建成国际文化大都市。

[1] 姜豪：《海派新作风的培养》，《上海十日》，1946 年第 2 期。

这是一个立意高远的愿景，也是一个涉及很广、难度很高的宏大课题。海派文化既涉及观念形态，也涉及物质层面，涉及文化创造、生活方式、价值观念、审美情趣等诸多方面。弘扬的前提是调查、梳理、研究。"海派文化地图"丛书，定位于可供新老上海人和国内外游人自助行走的海派文化体验全书，为上海传承传播海派文化发挥积极作用。按区域分卷，述其特点，明其流变；既有基于历史文献的理性分析，也有得自当下调查的新鲜知识。执笔者均为长期生活于上海、沉潜于上海文化研究、学养丰厚的作家，所作内容丰富，风格清新，文笔生动，加以图片精美，令人一旦展阅，便不忍释手。

可以相信，这套丛书的出版，对于新老上海人了解上海、熟悉上海，一定会起到导航指路的作用；在海派文化研究史上，也一定会留下浓墨重彩的一页。

是为序。

2017 年 7 月 21 日

（上海历史学会会长、上海社会科学院研究员、复旦大学特聘教授）

Contents

目　　　录

目录

The Map of

Shanghai-style Culture

The Map of Shanghai-style Culture

海 派 文 化 地 图

崧泽：致敬"上海之源"的史诗

这里，是上海迄今发现的人类最早的聚居地。

这里，是上海远古文化的发源地。

崧泽遗址，位于青浦区赵巷镇崧泽村，1957年首次被发现。

崧泽墓地发掘现场

1961 年以来，考古工作者在此多次发掘，大量珍稀文物将上海有人类活动的历史推至约 6000 年前。生活在崧泽的上海先民在中国文明起源中创造的先进文化，被命名为"崧泽文化"，是上海地区第一个用本地地名命名的考古学文化。崧泽作为上海最古老的一处原始社会遗址，被评为"20 世纪中国百项重大考古发现"之一。1977 年，崧泽遗址被列为第一批上海市重点文物保护单位；2013 年，国务院颁布崧泽遗址为第七批

崧泽遗址博物馆

全国重点文物保护单位。

2014 年 5 月 18 日，崧泽遗址博物馆作为上海市"十二五"期间的重点文化项目之一，历时三年多的建设和布展，正式开馆对公众免费开

崧泽古文化遗址保护地点石碑

放。崧泽遗址博物馆就建立在当年遗址发掘的现场之上，其建设初衷即是对"上海之源"的文化致敬与传扬，这在博物馆宣传资料上有着一段精彩的描述：崧泽，一个地处上海西部腹地的普通村庄，却被誉为"上海之源"——上海地区最早的古文化遗址在此发现，上海先民最早的生活足迹在此起步；崧泽文化由其得名，中国古史因之增辉。埋藏在这片土地下的历史印痕，让人们恍悟：东海之滨的"小渔村"，其实早已走过六千年文化兴衰历程；凝结在这处古代遗址中的历史真实，让我们惊诧：近现代的东方大都会，远古时代就曾是中国发达的文明中心。

在这个以"藏品最古老"领衔上海博物馆之"最"的崧泽遗址博物馆内，以突出"上海之源"和"崧泽文化是中华五千年文明之脉"为主线，集中展示上海先民最早的生活足迹和上海早期人类文化发展的历史进程，带给人们一段非凡的穿越历

史之旅。崧泽遗址考古发现的诸多个"第一"无疑是最大看点。

"上海第一人"长什么样？2004年春天，考古学家在对崧泽遗址进行第五次发掘时，发现了一个上海最早先民的头骨。通过先进的成像技术，"上海第一人"的相貌被复原，这是一位年龄在25岁至30岁之间的男性，面部略显低矮，鼻根低平，跟东亚蒙古人相似。上海的先民们吃什么？1961年，崧泽遗址发现了炭化稻谷遗存，这是上海出土的最早的人工栽培水稻，被称为"上海第一稻"。这是国内发现的首个稻谷遗存，为中国稻作起源提供了直接证据。在崧泽遗址的发掘中，还发现了

上海先民生活场景再现

出土陶器制品

"上海第一井"——最早的水井，"上海第一房"——最早上海人居住的房屋基址，还有陶釜、炉箅等最早的炊器和食后丢弃的猪、鹿、鱼、龟等动物碎骨，以及先民们生产劳动所使用的各种工具等。根据这些珍贵的遗存，博物馆采用高科技手段展现出一幅幅远古村落的画面，声、光、电的变幻模拟出上海先民们日出而作、日落而息的情景，使观众身临其境，产生穿

灰陶人头瓶

黑衣灰陶双层镂孔壶

越到六千年前的感觉。

　　城市的记忆在于其历史遗存。记得德国哲学家雅斯贝尔斯在《存在与超越》中写道：当代世界面临着历史连续性断裂的危险，所以我们必须审慎地把握以古建筑、古村落、古代文化样式等文化遗迹、遗址形式存在的历史记忆，发现养育我们现代人的生命源泉。崧泽遗址自它被发现起，历经半个多世纪的发掘、保护和研究，到如今遗址博物馆的建成，崧泽不仅成为大遗址保护利用的实践垂范，更是传承上海古今史脉的精神家园和探寻中华文明起源的文化坐标。2016 年，上海市民文化节开展"乡土文化符号"评选活动，由市民和专家推选，最终选出了属于上海的 100 个乡土文化符号，崧泽古文化遗址作为"上海之源"在列，被称作距今最遥远的"符号"。

今日上海即便已跻身国际化大都市之列，但对于生于斯长于斯的人们来说，总需要一片可回望的乡土。正如一位考古专家所言"历史的乡愁，也是乡愁"。历史离我们既遥远，又形影不离，实则是我们前行道路上挥之不去的乡愁。崧泽作为上海人的故土，应该是我们文化寻根、传承历史文脉的精神家园。

上海是座海纳百川的移民城市，海派文化就是在移民社会中形成发展的。考古研究表明，6000 多年前崧泽这批最早的上海居民可能来自现在浙江北部和江苏南部的这些太湖周边地区，是上海最早的外来移民。他们从当地带来了先进的生产工具和技术，在这片处女地上发展生产，经营生活，繁衍生息——正是他们开创了上海人类历史文明的先河。无疑，崧泽文化对于探寻海派文化的源头同样有着重要意义。

福泉山：被央视"盯"上的国家级大遗址

　　古老的福泉山，蕴藏着弥足珍贵的历史文化宝藏，是上海市唯一一处国家级大遗址。

　　何谓大遗址？国家文物局有着明确的阐述：大遗址是中华民族文明发展史最具代表性的综合物证和弥足珍贵的文化遗产。福泉山考古发掘出相当数量的属于国宝级的文物，是中国

福泉山发掘现场

福泉山遗址入口处

新石器时代最辉煌的发现之一，被国务院、国家文物局定为属于全国重点文物保护的大遗址。

　　这里被称作中国土建金字塔，在30多年的考古发掘中，这里出土了200多座从新石器时代到唐宋时期的墓葬，还完整保留了距今六千到七千年历史的叠压文化遗存！2017年12月8日晚，中央电视台科教频道《探索·发现》栏目播出了长达近36分钟的纪录片《寻古福泉山》，详细介绍了福泉山古文化遗址的考古探索揭秘过程。中央电视台是国家电视台，《探索·

139 号墓的年代属于良渚文化早期，距今约 4500 年

发现》以纪录片的手法，讲述以中国为主的历史、地理、文化故事，是中国的地理探索，中国的历史发现，中国的文化大观。由此可见，中央电视台《探索·发现》"盯"上福泉山遗址，讲述的不仅是上海远古文化的斑斓，更是人类文明进程中的中国故事。

福泉山，位于青浦区重固镇老街西侧，山体呈不规则长方形，东西长 94 米，南北宽 84 米，高 7.5 米，是古人作为墓地堆筑的一座大土墩。1962 年，上海市开展文物普查时，发现该处为古文化遗址。福泉山遗址以福泉山为中心，东西长约 500 米，南北宽约 300 米，面积约 15 万平方米。1979 年至 1988 年，考古工作者先后进行 3 次大规模发掘，发现距今 5700 年前后

1959年春，市文管会考古专家在福泉山等地进行文物普查，陆续发现石刀、石斧和陶片

的村落遗址、距今5000年前崧泽文化晚期墓葬17座、距今4000多年前良渚文化墓葬31座，以及战国、唐、宋时期的墓葬。其中，良渚文化墓葬发现有着丰厚陪葬品及人殉的显贵大墓，表明上海地区已在距今5000年前进入文明社会门槛，体现了长江流域同黄河流域一样是中华民族文化发祥地之一。

2008年至2011年，有关部门再次对福泉山遗址进行了勘探和发掘，新发现了一处良渚文化晚期贵族墓地——吴家场墓地。墓葬随葬品等级高，出土文物精美，其中装饰有神人兽面纹的象牙权杖在上海地区乃至全国的新石器时代考古发掘中都十分罕见，具有非常重要的文物价值和历史意义。考古发掘充分说明福泉山遗址是上海地区良渚文化时期最重要的遗址，专

考古队员在发掘现场

家认为这是良渚文化考古中的新突破，将在考古文物界产生重
要影响。此次发掘对进一步研究福泉山遗址的性质和地位具有
重要意义，上海博物馆考古部主任宋建研究员形象地比喻：
四千多年前上海乃至周边地区的政治、文化中心不在现在上海市中心的人民广场，而是在青浦的福泉山。

福泉山是中华文明起源十分珍贵的文化遗存。遗址文化层齐全，反映了马家浜文化、崧泽文化、良渚文化早晚有序的文化层叠压关系，可看作是古上海的历史年表。中国考古学泰斗苏秉琦教授称福泉山遗址就像辽宁北戴河发现的秦始皇碣石宫一样，是重要遗迹。中国考古学家、原上海博物馆副馆长黄宣佩表示：福泉山就是上海城市的文明之根，研究长江文明的重要史料，是中国五千年文明之光。2001 年，福泉山古文化遗址被国务院列为全国重点文物保护单位，这是上海地区唯一一个遗址类全国重点文物保护单位。2013 年 5 月，福泉山遗址与周口店遗址、圆明园遗址等一起被国家文物局、财政部列为全国 150 处大遗址保护名录。2016 年 10 月，被列入国家文物局《大遗址保护"十三五"专项规划》。

大遗址承载着丰富的历史信息和文化内涵，是中国五千多年灿烂文明史的主体和典型代表，不仅具有深厚的科学与文化底蕴，同时也是极具特色的环境景观和旅游资源。据介绍，青浦区将构建包括福泉山遗址在内的"上海之源"古文化走廊，推进福泉山国家考古遗址公园建设，这表明福泉山遗址的保护和利用将迎来历史性的崭新一页，福泉山深厚的人文内涵和文化魅力将充分展现在世人面前。

青龙镇与海上丝绸之路

　　上海是座历史悠久的港口城市。早在唐宋时期，青龙镇就是"海舶百货交集"的对外贸易港口和商业重镇，距今已有1200多年的历史。

　　青龙镇，位于今青浦区白鹤镇的陈岳村、青龙村和塘湾村

青龙镇遗址发掘航拍

一带，古吴淞江的出海口，因汉末孙权在此建造青龙战舰而得名。晋朝咸和年间（公元 326—334 年），在青龙港筑沪渎垒，为驻军戍守、防御海盗之用。相传上海简称"沪"作为地名，可追溯至"沪渎垒"。唐天宝五年（746 年）建青龙镇，当时的青龙镇还属于以军事防御为主的海防城镇，这是上海地区最早设立的市镇。随着唐宋时期经济中心的南移，形成新的海上贸易格局，青龙镇则因占据了"控江而淮浙辐辏，连海而闽楚交通"的地理优势，逐渐发展成为东南巨镇。

青龙镇作为对外贸易港口，从唐代中晚期至南宋末期，延绵 500 年。其中，最繁盛辉煌的是北宋到南宋的 100 多年间，其间开辟了海上丝绸之路的航线。宋嘉祐七年（1062 年）的《灵鉴宝塔铭》记载：自杭、苏、湖、常等州月日而至，福、建、漳、泉、明、越、温、台等州岁二三至，广南、日本、新罗岁或一至，描述了青龙镇海内外贸易盛况。

2010 年至 2016 年，上海博物馆考古研究部对青龙镇遗址进行考古勘探和发掘工作，确证了青龙镇是唐宋时期海上丝绸之路上重要的贸易港口。青龙镇遗址历年考古发掘出土了来自福建、浙江、江西等窑口可复原瓷器 6000 余件及数十万片碎瓷片。其中，瓷器绝大部分为南方窑口，唐代以越窑、长沙窑产品为主，至宋代渐转为以福建闽清义窑、龙泉窑、景德镇窑产品为主。大量的福建窑口的瓷器与朝鲜半岛、日本等地发现

历年发掘的青龙镇遗址瓷片堆

的瓷器组合非常相似，说明当时许多瓷器产品运到青龙镇后，进而转口销往高丽与日本。考古发现的瓷器与文献记载相印证，有力地证明和进一步确立了青龙镇在上海乃至海上丝绸之路上的地位。

经过大规模考古勘探，青龙镇核心区域约6平方公里，街道布局完整，是一个繁华的商贸大镇。北宋诗人梅尧臣所作《青龙杂志》记载了镇上

青龙镇隆平寺塔出土的瓷器: 长沙窑、德清窑、越窑等

有三亭、七塔、十三寺、二十二桥、三十六坊，亭台楼阁林立，长桥短梁相接，一派多姿多彩、热闹非凡的景象。海内外贸易的兴盛带动了工商业的繁荣，北宋官方编修的《宋会要辑稿》记录的北宋熙宁十年（1077 年）青龙镇商税的情况，据专家考

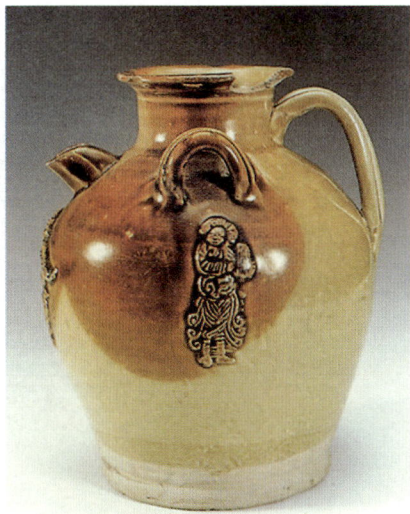

1988 年出土唐长沙窑胡舞乐技执壶

证在经济发达的两浙路（大致今浙江、苏南、上海地区）17 个镇中，青龙镇居于首位，在全国也属于名列前茅。为适应对外贸易发展的需要，绍兴元年（公元 1131 年）在青龙镇单独镇设置了市舶务，专门负责进出口贸易的管理。

青龙镇也是人文荟萃的文化名镇。北宋书画家米芾于元丰年间一度出任青龙镇的监镇（相当于镇长）。范仲淹、苏轼苏辙兄弟、王安石、秦观、陆游、赵孟頫等众多名人都被青龙镇吸引，在此交友赏景、咏诗作画，留下了许多脍炙人口的名篇。鼎盛时期的青龙镇佛教兴盛，建寺、塔成风，有"佛角为天下之雄"之誉。如今，在青龙镇遗址只留下修复后的青龙寺和青龙塔，这两个文物遗迹均被列为上海市文物保护单位，成为研

青龙寺

青龙塔

究上海古代史、古建筑和佛教史的宝贵资料。

　　未来，在青龙镇遗址将建立"青龙镇遗址考古博物馆"，让人们穿越到千年前的青龙镇，解读港口重镇的文化密码，更好地传承历史文脉。

海派大气朱家角

千年古镇朱家角，像一颗明珠镶嵌在淀山湖畔，素有"上海威尼斯"之誉。

朱家角镇历史悠久，是4000年前良渚文化的重要组成部分，早在1700多年前的三国时期就有村落，宋元时名为朱家村，明万历年间建镇，名为珠街阁（又称珠溪），清嘉庆年后，俗称珠里、角里、朱家角。这里的人文景观，不仅洋溢着江南水乡特有的柔和秀美，而且熔铸着博采众长、开放吸收的海纳百川情结，犹如一幅海派水乡的古镇风情画卷。1991年朱家角被列为上海四大文化名镇之一，2007年被评为中国历史文化名镇，并先后获得国家级生态镇、全国环境优美镇等称号。

一条漕港河将朱家角分成两半，两岸遍布蜿蜒曲折的小巷，花岗岩石的街面，青砖黛瓦的明清建筑及众多具有江南水乡特色的景观。河道纵横、水网密布的朱家角，有大小古石桥约36座之多。它们造型各异，有的恢宏雄壮，有的小巧玲珑，有的古厚淳朴，有的秀丽多姿；建材多种多样，有石拱石板，有砖木混合，有木质结构，大都年代久远，风格不一。镇上最大最

放生桥

有名气的，当推建于明代的沪上第一桥——放生桥，有一百多级石阶、5个大桥洞。船家停泊系缆绳所用的缆石也是水乡特色所在，有如意、古瓶、葫芦、蕉叶、宝剑、牛角、怪兽等多种形式，它们点缀于古镇的石驳上、窗榻下、河埠边，造型古朴生动，体现出特有的江南水乡艺术文化。朱家角的古弄幽巷以多、古、奇、深而闻名遐迩，全镇古宅建筑有四、五百处之多，穿弄走巷，寻古探幽，趣味无穷。建于1912年、占地96亩的课植园，寓意"一边课读，一边耕植"，园内亭台楼榭、假山水池、石碑长廊、古树名木一应俱全，不仅是优秀的建筑遗产，而且体现了朱家角人崇尚文化的高贵品格。

　　朱家角自古工商业发达，明时曾以标布业著称江南，号称"衣被天下"。明末清初，朱家角米业异军突起，带动了百业兴旺，南北百货，各业齐全。民国期间，所产青角薄稻在上海米市中独占鳌头，远销京城、海外。还有工业、手工业、钱庄、典当、碾米厂、发电厂等，起步早，发展快。当时全镇坐商有千户之多，商店鳞次栉比，酒肆茶楼遍布大街小巷。穿越岁月沧桑，现仍可见一些留存的传统商号，其中童天和国药号，与上海百年老店童涵春堂同宗，是江南著名的国药号之一。涵大隆酱园创建于1886年，在1915年巴拿马万国博览会上，涵大隆的玫瑰乳腐和双料酱油分别获奖，后来又在南洋劝业会和国

涵大隆酱园

货展览会上分别获奖。坐落在古镇北大街上的百年老字号——"江南第一茶楼"，除楼身采用砖石结构外，其余全部采用木结构筑成，拱形砖石门却又加入了海派石库门建筑的元素，"中西结合"颇有特色。还有，大清朱家角邮局始建于清朝同治年间，为清代上海地区十三家主要的通邮站之一，是华东地区唯

江南第一茶楼

一留存的清朝邮局遗址，也是近代中国邮政历史的缩影。

　　繁荣发达的经济支撑起文化的兴盛。朱家角名人辈出，从清代学者王昶、画僧语石、御医陈莲舫，到近代小说家陆士谔、报业巨头席子佩等，留下了丰富的文化遗产。民国时期，镇上有民众教育馆、书报社、戏院、书场等文化场所，有咏珠社、韵声社等文艺结社、民间艺人活动。自1912年朱家角办起了最早的纸质报纸《市声》《珠报》，镇上先后有20多种报刊出版发行。文化人的汇聚，为繁荣的朱家角经济注入了浓浓的文化气息。此外，民间藏书也是朱家角的特色之一，体现了朱家角深厚的文化底蕴。

　　朱家角，无愧于"中国特色小镇"的称号。如今，景区口以油画、雕塑等作品展览为主的人文艺术馆和临河而立的水彩艺术馆、北大街上的上海手工艺朱家角展示馆等各类艺术场所形成浓浓的艺术氛围。每年9月，朱家角水乡音乐节吸引众多海内外音乐人登上

大清朱家角邮局

朱家角人文艺术馆

上海手工艺朱家角展示馆

手摇木船献艺，演绎水上音乐盛宴。在古镇开发中崛起了镇中镇——尚都里，商业建筑既保留江南特色又引入当代元素，星巴克咖啡馆和巧克巧蔻等傍水而居。古韵悠然的江南水乡，洋溢着新时代的生机和活力，难怪有记者在报纸上撰文称赞这里是"海派古镇"了。

江南桥乡数金泽

　　水是桥之魂，桥乃水之梁。金泽镇北枕淀山湖，南依太浦湖，水面积占了全镇总面积的三分之一以上，"素以桥多著闻"，有"江南第一桥乡"之称。

　　古代纳富之地，必卧虹藏桥。历史上江南地区是古代中国最富庶的地区，桥起到的作用远远不止是保持陆路交通的通畅，由于南来北往的车船聚集在这里，桥的周围往往由此发展成为各种类型的交易场所，逐渐形成了集镇。

　　金泽古时称"白苎里"，在白米港畔，因当地盛产大米和

金泽镇

苎麻而得名。唐朝时期，"白苎里"集镇雏形已经形成，当时在白米港一带有大米市场、苎麻市场、猪羊市场、鸡鸭市场，还有酒肆茶楼等聚会场所，热闹非凡。唐末至五代时，北方战乱频频，不少难民南逃至此地，由此人丁兴旺，集镇形成于公元960左右。到了宋代，大兴水利，农业生产得到进一步发展，尤其是南宋时期对南方的开发，促成江南地区成为经济文化中心，乡村集镇日益兴盛。据文献记载，金泽镇有"兴于宋、盛于元"之说。至于"白苎里"集镇何时改为"金泽"，已不得

建于元代的林老桥

而知。相传由于当地文人认为"白苎里"这地名缺乏文采，故用古书中"穑人获泽石如金"之句，改称为"金泽"。

金泽的桥，大都建于宋、元两代，且有"庙庙有桥，桥桥有庙"、"庙里有桥，桥里有庙"的俗谚。史书上称，宋时金泽已有"六观、一塔、十三坊、四十二虹桥"。这四十二虹桥，就是指在面积仅 0.6 平方公里的镇区内有 42 座古桥，堪称水镇桥梁密度之冠了。如今绝大部分寺庙已废，但当年的桥却风姿犹存。至今镇上还保存着万安桥、普济桥、迎祥桥、天皇阁桥、如意桥、放生桥等 10 余座。在下塘街一带有一段相距 350 米的河道，河道上并列的五座古桥，竟然跨越了宋、元、明、清四个朝代，所以有"四朝古桥一线牵"的说法。这些古桥造型美观，结构精巧，为国内外桥梁专家和学者所注目，在古桥梁史上占有重要的地位，故有"金泽古桥甲天下"的美誉。

桥是江南古镇的神韵，桥也是江南古镇的精华。金泽的桥确实很有特色，而且意蕴深长，情味无限，有其独特的魅力。万安桥建于宋景定年间，是金泽最大的石桥，有"金泽四十二虹，

"金泽古桥甲天下"碑刻

万安桥居首"之称，桥名寓意"万世安详，风调雨顺；万民安业，五谷丰登"，石桥结构坚固，形式优美，历经千年风雨仍安然横卧江南，是上海地区最古老的石桥。万安桥向南不远处是普济桥，它与万安桥非常相似，故称之为姐妹桥。建于南宋咸淳三年（1267年）的普济桥，为单拱圆弧形，具有明显的宋代石拱桥的特征，此种形状的石桥国内已不多见，于1987年被列为上海市第四批文物保护单位。金泽至今保存得最完好、最美观的古桥是如意桥，此桥建于元代，明、清两代多次大修，故桥身整齐优美，由一色打凿整齐的花岗石砌成，桥拱倒影碧水，成虚实相接，恰成一圆形，有诗赞曰：横桥远画如游龙，明珠影落长河中。一座座风格迥然不同的古桥，把古镇的河、

建于南宋咸淳三年的普济桥，至今已有700多年的历史

建于元代的如意桥

街、巷、宅等连接在一起，使桥融入了自然环境之中，与古镇相映成趣，形成了江南水乡古镇独特的风貌。

金泽古镇桥多庙也多，有 26 座古庙，其中颐浩禅寺、东岳庙，西林禅寺三座最为有名。建于宋景定元年（1260 年）的颐浩禅寺，以南宋宰相吕颐浩故宅为寺，故得名。历史上颐浩禅寺建筑规模宏大，相传有 5048 间寺院房舍，占据了大半个古镇，曾经盛极一时。颐浩禅寺于 1992 年修复后，建造石碑坊一座，重建了观音殿、山门、殿堂、寮房等寺宇建筑，占

金泽放生桥

普庆桥

天皇阁桥

迎祥桥

地 6 亩多，建筑面积 1000 多平方米。1992 年 7 月，正式开放为佛教活动场所，中国佛教协会会长赵朴初题写寺额"颐浩禅寺"。寺内现存三株古银杏，其中最大的一株四人合抱粗的古银杏树已有 700 年，历经世事沉浮，如今依旧枝繁叶茂、冠如华盖。

"江南桥乡数金泽"。金泽镇于 2014 年被授予第六批"中国历史文化名镇"的称号。桥乡金泽镇未来的发展定位非常有特色：以与世界级著名湖区相适应的品质特色镇为目标，以生态小镇为方向，做生态保护的标杆、历史文化彰显的标杆和生态资源利用的标杆，将金泽建设成为"生态型科创小镇"。

建于宋朝景定元年的"颐浩禅寺"，曾以 5048 间宏伟建筑名扬江南

"三色"相映靓练塘

淀山湖水、太湖水、汾湖水在这里汇合进入黄浦江。练塘是一个以"红色、绿色、古色"文化闻名的江南水镇，这里是老一辈无产阶级革命家陈云同志的故乡，也是国家级生态乡镇、中国历史文化名镇。

练塘，旧名章练塘。相传东汉末年东吴大将周瑜在这里的河塘操练过水军，当时负责操练水军的是一位姓张的长官，后人把"张"误为"章"，称此处为章练塘。另有一种说法，唐天佑年间有章公（章仔钧）与其妻练夫人筑居于镇东，乃舍宅为寺，名"天光寺"。后人为纪念他们，遂称镇名为"章练"。练塘在清初形成市廛，分属吴江、元和、青浦三县合辖，清朝宣统二年（1910 年）归并离镇距离最近的青浦县。现在的练塘镇于 2001 年由原练塘、小蒸、蒸淀三镇撤并建成。

练塘建镇已有 1000 多年。古时的练塘，有九峰列翠、三泖行帆、塔院晓钟、西来挹秀、天光古刹、圆通朝爽、明因夕照、鹤荡渔歌"八景"。古镇老街集中于市河两侧，素墙碧瓦，幽巷曲径，具有鲜明的江南民宅特色。清澈的市河犹如一条玉带蜿蜒曲折，贯穿全镇。沿河有 10 多座古桥掩映在垂柳之间，人在桥上走，船在桥下行，犹如一幅江南水乡画长卷。老街西面的顺德桥，是练塘最古老的桥，始建于元至正三年（1343 年），清乾隆四十九年（1784 年）重建；朝真桥，俗称圣堂桥，建于明嘉靖三十四年（1555 年），清康熙三十四

顺德桥是练塘最古老的桥，始建于元朝至正三年

年（1695 年）又建。镇东上塘街上的永兴桥，俗称李华港桥，始建于明代，清乾隆四十一年（1776 年）重建，这是老街上唯一一座横跨市河汉港上东西走向的石桥。"古色练塘"以练塘古镇为依托，古镇核心风貌保护范围 16.5 公顷，具有丰富的历史文化底蕴。

朝真桥，建于明嘉靖三十四年

中虹桥

练塘，是陈云出生的地方。陈云是大名鼎鼎的"红色掌柜"，也是中国社会主义经济建设的开创者和奠基人之一。陈云在家乡生活了14年，父母早逝让他很早就领略了人世间的悲苦，磨砺了他的品格，也培养了他精打细算、善于操持生计的本领。

在他年幼的时候，就已经在舅父的小酒馆里帮忙，学会了珠算与记账。如今，小酒馆尚在，并在此基础上扩建成了陈云纪念馆。在这座国家一级博物馆里，保留了陈云生前的四万余件珍贵文物，见证了这位伟人70余年的革命生涯。

这是一块有着红色基因的土地，革命年代从练塘不仅走出了像陈云那样伟大的人物，同时还走出了一群有理想、有抱负、有胆略、有雄心壮志改变天下的热血男儿。吴志喜（1911

陈云故里

陈云故居

年-1928年），名之轩，号治平。1926年加入中国共产党。"四一二"反革命政变后，和陈云、陆铨生等一起在小蒸一带搞农民运动，他担任小蒸农民革命军总指挥。1928年1月，在小蒸枫泾农民暴动中，被数倍于农民军的敌人包围，他和副指挥陆龙飞一起掩护农民军撤退时被捕。陈云、王若飞等

小蒸农民武装暴动指挥所

多次设法营救未成。1月26日，吴志喜英勇就义于松江小校场，就义时，他年仅17岁。1984年，陈云题写"吴志喜烈士永垂不朽"碑文。方强（1901年—1941年），抗日战争期间，坚持敌后斗争，在苏北做开辟新区的工作。1941年10月，他在深入动员各界人士

团结抗日的工作中，遭遇日伪军突然袭击，不幸被捕遇害，年仅 40 岁。还有高尔松（1900 年—1986 年）和高尔柏（1901 年—1986 年）兄弟俩，均为青浦早期的共产党员，在大革命的洪流中不怕牺牲，激流勇进。红色练塘，动人心魄的斗争事迹，代代相传的光荣传统，闪耀着永垂史册的红色光辉。

生态资源优势是练塘最大的优势，绿色练塘表现为田多、林多，水好、空气好。练塘镇是青浦区的农业大镇，农田面积 5.85 万亩，占镇域的 41.6%，所产的稻米、茭白深受广大市民青睐。练塘茭白种植历史可上溯 400 余年，从 20 世纪 60 年代开始，依托当地独特的地理环境和不断进步的科学技术，逐渐成为练塘镇农业支柱产业，如今已发展成为华东地区种植茭白面积最大、产量最多的乡镇，享有"华东茭白第一镇"的美誉。茭白营养价值高，又能与各种荤素菜肴搭配，是市民餐桌饮食的宠儿，因而练塘的茭白被列为沪郊一宝。练塘镇生态农业发展颇具规模，特色农副产品种类丰富，还有近两万亩的生态涵养林，形成了自然的"绿色氧吧"。

以"红色"精神为引领，以"绿色"生态为基础，以"古色"文化为底蕴，红色、绿色、古色相辉映，"三色练塘"已成为上海市郊一道独特的风景线。

淀山湖——东方日内瓦湖

　　淀山湖，享有"东方日内瓦湖"之誉，是国家级水利风景区。在上海迈向全球卓越城市的蓝图上，按照功能定位，淀山湖地区将建设成为生态优良、生活美好、生产清洁、宜居宜业的著名湖区。青浦区明确提出，要对标博登湖、日内瓦湖等世界著名湖区的发展理念和模式，发挥淀山湖生态、人文、空间、成本等优势，在西上海打造一座"世界级创新湖区"。

　　淀山湖，又名薛淀湖，因原有淀山在湖中而得名。关于淀山湖由来的说法很多，民间传说在2000多年以前，秦始皇统一中国后，曾下了一道圣旨，将10万囚徒遣于此，强迫他们挖掘地表，以杀王气，挖掘成湖。还有一种说法，此地原是一座古城，因地壳变动下沉而陷为湖，此说也不无道理。1958年，考古工作者在淀山湖底打捞得新石器时代的石器等400多件，有石刀、石矛、石铸、石犁、石纺轮；陶片有夹砂红陶、黑衣陶、印纹陶，还有龟板、战国铁器等文物，可见淀山湖地区古代确有陆地，可能就是古由拳县地。这些传说，给淀山湖添上了神奇的色彩。

据考证，淀山湖水源来自太湖，是太湖碟形洼地的组成部分，由古泻湖演变而成。所谓"泻湖"，是指在 6000 年前，太湖平原由于受海潮侵蚀的影响，形成一个大海湾，随后受长江和钱塘江水的长期冲积，南北两大沙嘴不断增长，海湾才逐渐封闭而成泻湖。至宋代，淀山湖才真正成形，"淀湖周，几二百里，茫然一壑"，可见那时的湖境宽阔，一望无际，气势宏伟。南宋以后，随着人口的增加，围垦造田日益严重，加上自然泥沙的淤积，淀山湖湖面逐渐缩小，至元代后期淀山已远离母湖，居于田中，周围规模从原先的 200 里缩小至今日的 70 余里。农田水利是立国安民之本，历代朝廷曾对淀山湖及其周

淀山湖

围排泄水道进行筑堤、疏浚，如南宋提举浙西常平刘颖、罗点，元代都水少监任仁发，明代户部尚书夏原吉、右佥都御史海瑞等名臣都曾加以治理，使"民赖其利"。

淀山湖历来是水上交通要道，加上湖光山色，风景秀丽，自宋至清吸引了不少文人雅士、高官名宦到此一游，留下了不少脍炙人口的吟咏名篇。宋人卫泾在《淀湖》诗中写道：疏星残月尚腾眈，闪人烟波一掉风。始觉舟移杨柳岸，直疑身到水晶宫。乌鸦天际墨半点，白鹭滩头玉一丛。欸乃数声回首处，九山浑在有无中。元人杨维桢的《淀山湖》诗曰：半空楼阁淀山寺，三面篷樯湖口船。芦叶响时风似雨，浪花平处水如天。沽来村酒浑无味，买得鲈鱼不论钱。明日垂虹桥下过，与君停棹吊三贤。古人留下的书画墨迹和诗词名篇，使淀山湖更具历史文化底蕴。

报国寺

从 1979 年起，启动建设淀山湖旅游风景区，它现已成为上海最大的旅游胜地。景区内建有运用我国传统园林艺术再现的红楼胜景大观园，在这 160 余亩的绿野上，仿古建筑成群，布局奇巧豪华，汇集了南北园林的特色。环湖建有东方绿舟、上海国际高尔夫球乡村俱乐部、报国寺等景点名胜。随着旅游和体育事业的发展，又先后建起了水上运动场、游艇俱乐部等，水上运动场是国内一流水平的水上训练基地，被亚洲赛艇联合会称之为远东规模最大、设备最先进的水上训练和比赛场地。

大观园　　　　　　　　　　　　　东方绿舟

2013 年 7 月，上海市人民政府发布的《淀山湖地区中长期发展规划》提出，按照"符合城市总体战略、环境保护要求、资源禀赋特点、未来发展导向"的原则，淀山湖地区的功能定位是本市重要的水源保护地、生态文明建设的重要载体、与国际大都市功能相适应的著名湖区，发展方向是建成实施严格保

上海国际高尔夫球乡村俱乐部

护的生态示范区、融合传统与时尚的水乡文化区、品味慢生活方式的休闲度假区、发展生态友好产业的绿色经济区。青浦区已明确淀山湖地区中长期发展任务清单，并确定地处淀山湖地区的朱家角、金泽、练塘三个历史文化名镇联动开发的方案，力争早日把淀山湖地区建设成为以良好生态、人文资源为本的世界生态湖区，以及以科技研发、创新创业为主导的世界创新湖区。

未来，淀山湖呈现在世人面前的将是一个全新的"东方日内瓦湖"。

曲水园：沪上古典园林瑰宝

　　曲水园，始建于清乾隆十年（1745年），是沪上古典园林瑰宝，与豫园、醉白池、古猗园、秋霞圃同列上海市五大古典园林。2007年，被评为上海市四星级公园。

　　曲水园位于青浦城区，傍环城河，原是青浦城隍庙的附属园林，建有有觉堂、得月轩、歌薰楼、迎晖阁，后又增建岸舫、夕阳红半楼、凝和堂等。二百多年来，庙园几经兴废，数次易名。旧时，城隍庙有"庙捐"习俗，每年向每个居民捐募一文

曲水园大门

钱，用作庙宇维修经费，故此庙园有"一文园"之称。乾隆四十九年（1784年）王希伊任青浦知县，园林又拓展荷花池、叠假山、筑曲水长堤，建涌翠亭、濯锦矶、喜雨桥、迎曦亭、恍对飞来、花神祠，取名为"灵园"。清嘉庆三年（1798年）江苏学使刘云房，应知县杨东屏之邀，在园中吟诗宴饮，见园临大盈浦，园内池水迂回，就借东晋王羲之《兰亭集序》中曲水流觞的典故，将灵园易名为"曲水园"。宣统三年（1911年），曲水园由庙园改为公园。民国十六年（1927年），为纪念孙中山先生，又更名为"青浦中山公园"。抗日战争爆发时期，公园大部分遭日机炸毁。新中国成立后屡经整修，园景逐步恢复，至1980年恢复"曲水园"园名。

自20世纪80年代起，市政府拨款进行全面整修，至1988年修复了长年关闭的有觉堂、得月轩、御书楼、夕阳红半楼等古建筑，重建公园大门、清籁山房，新建绿波长廊，增设花坛，堆置立峰，使古园面貌一新。2004年，对曲水园围墙做了进一步的美化。2005年至2007年间，按照高要求、高起点、大手笔的要求，再次进行全面整修。一期工程自2005年11月开始，至2006年11月结束。二期工程自2007年5月开始，至2007年9月结束。这次整修的范围之广、立意之高、要求之严、投入之大，为曲水园历史之最。至此，曲水园终趋完善，尽显古典园林之美。

曲水园南大门外景色

全园有四个各具特色的景区：西园以建筑为主，楼堂华美，有得月轩、觉堂、夕阳红半楼等楼阁。其中夕阳红半楼建在用太湖石垒成的假山上，楼下是盘旋曲折的山洞，楼的南北两侧都有石梯，非常有特色。中园以山水见长，有荷花池、凝和堂、花神堂等景点，荷花池畔有小濠梁、迎曦亭、恍对飞来等亭榭可赏池景，夏季还可赏荷花。荷花池北部有一座大假山称为"小飞来"，这里是园林的中央，站在山顶的"九峰一览阁"可居高俯视周围景观。东园紧挨着东边的环城河，这里的特点是充满野趣。沿着摆满盆栽、绿荫相伴的石头小径，可通往听橹阁、

仪门

凝和堂

小濠梁

睡莲池

牡丹亭、机云亭、绿波廊等亭阁。书艺苑景区是展览石鼓文及有关书法作品之处，于 2006 年 11 月建成，已成为曲水园富有特色的文化景点。书艺苑中央是一座八角形的"石鼓亭"，南北两面的柱子上各有一副楹联，所书之字均出自石鼓文；十块石鼓仿制品错落有致地矗立在高大的杉树林下，除原诗外，每件石鼓的基座上都附有译文；左侧是古色古香的长廊，墙上嵌有研究石鼓文的石碑，称为"碑廊"，碑廊共分五大板块，刻有历代大家临写的石鼓文及他们对石鼓文的评介。

　　整个曲水园以水景取胜，以荷花池为中心，池水与城河相通，堂堂近水，亭亭靠池。园中古树众多，是上海市 141 座公

碑廊

园中古树名木数量最多、最集中的公园，存有古树 50 株，其中树龄 200 年以上的 10 株，树种为银杏、罗汉松、青枫、桧柏等；树龄百年以上的 40 株，树种为白皮松、女贞、紫薇、紫藤、桂花、朴、榉、梧桐等。曲水园也是上海市民观赏牡丹的主要景点之一，园内约有 200 株牡丹、30 多个品种，包括日本牡丹、黄金轮、岛锦、花王、海皇、黑豹等较多精品，花朵硕大，主要有大红、粉红、白色三大色系。到了开花的季节，在各种常绿植物的衬托下，一片国色天香。

为纪念沈瘦东这位"骚坛当日号诗雄"的青浦诗人，曲水园在沈瘦东早年工作过的地方——青浦民众教育馆馆舍即今之曲水园得月轩，建立了沈瘦东书房。沈瘦东（1888 年–1970 年）

青浦崧泽村人，是青浦科举时代的最后一名秀才，以诗名著称于世，曾任上海市文史馆馆员、青浦县政协委员，为青浦地方的文化和教育事业作出过重要贡献。沈瘦东生前在曲水园以诗会友，创建诗社，结"蝴蝶会"（"壶""碟"的谐音，即社友自带一壶酒、一碟菜），至今仍为人们所称道。"沈瘦东书房"与设在青浦崧泽学校的"沈瘦东纪念室"，都得到了上海文史馆和有关单位的大力支持，已成为青浦旅游的两个新景点。

作为沪上著名的古典园林，曲水园有着江南传统园林中所特有的文化气息，从园名、植物、山水、布局到建筑都蕴含着丰富的意境和文化内涵。园内经常举办各类文化活动，使曲水园的服务功能不仅满足于一般的休闲游憩和放松身心，而且从陶怡情操的角度尽可能满足游客的精神文化需求。曲水园，四季春色满园，已连年被评为上海市文明公园。

课植园：传承"课读耕植"文化

　　课植园为江南著名的庄园式私家花园，园主马维骐，故又称马家花园，至今已有 100 多年历史。

　　马维骐（1853 年—1928 年），字文卿，曾是朱家角首富，受清末"置田造园"风气的影响，在朱家角先后置地 8000 多亩，并于西井街北首买田 96 亩，1912 年开始造园，历时 15 年才建成这座集江南园林精华于一园的马家花园。

　　课植园坐西朝东，园内建有迎贵厅、宴会厅、正厅、耕九馀三堂、逍遥楼、书城楼、望月楼、戏楼、打唱台、藕香亭、倒挂狮子亭、司教亭、碑廊等各类建筑共 200 余间。还有假山、九曲桥、课植桥、荷花池、稻香村等游览胜境。在会客厅的厅堂悬挂对联一副，上书"课经书学千悟万，植稻麦耕九余三"，藏头"课植"，意为"课读之余不忘耕植"，既点明园名的来历，又寄托了园主人对子孙后代的厚望。整个庄园分为"课园"与"植园"两大部分，充分体现具有中国传统文化特征的生活理念和人生态度。

　　"课园"是园主人一家的学习和生活区，建有轿厅、客厅、

望月楼

课植园

堂楼、迎贵厅。其中，"堂楼"是马文卿三个女儿的闺房，悬
匾"抚琴听风"，表明这里也是马文卿女儿们学习琴棋书画之地。
"课园"的点睛之作为"书城"，园内两幢小楼中一为藏书楼，
一为读书楼，经历百年沧桑至今仍保持原貌。藏书楼位于迎贵
厅北侧，楼有二层，楼上左室藏图、右室藏书，楼下是珍藏古
玩之处。迎贵厅南侧是读书楼，这里环境幽静，是读书做学问

藏书楼

的风水宝地。读书楼旁边有一条长约 20 多米的碑廊，碑廊内镶嵌着明清著名书画家碑刻 15 块。当年，园主不惜重金集明代唐、祝、文、周四大才子的真迹，又聘请金石高手依照真迹雕凿而成，字体苍劲有力，笔锋勾丝毕露，是极为珍贵的历史文物。在"课园"的花园区内，有仿苏州狮子林建造的假山，这些假山石是精选的太湖石。假山东有"打唱楼"，西有"观唱楼"，两楼遥遥相对，是仿照红楼梦中大观园的戏楼造型所建，专供喜庆和佳节演戏时用。

"植园"，辟有稻田、菜地和果林，取名为"稻香村"。

这是园主人以"农圃者"自居，为耕植亲力亲为，以庄园式园林为载体，回归一种自然、澄澈与安宁的生活，同时也是让儿孙们体会农夫耕作之辛劳，以及"耕九馀三"的持家理念。相传旧时课植园占地 96 亩，植园就占去三分之二，只可惜由于历史变迁，植园只留下极小的一部分。抗日战争时期，马家花园被日本宪兵队占领，遭到严重破坏。1945 年抗战胜利后，马文卿后人在园内创办约光中学。新中国成立后，先后改为珠溪中学、朱家角中学。1986 年，课植园被列为县级文物保护单位。2003 年，结束在庄园内办学校的历史。经过几年努力，对课植园进行了整修，尤其是在"植园"集中展示由稻田、打谷场、果园和草

课植园

药圃组成的新田园风光。
2009 年春节，扩建后的
课植园正式对外开放，再
现了"课读耕植"的文化
主题。

会客厅

　　课植园迎客厅的大匾
额"蓬薜生辉"，如今又
熠熠生辉。2010 年上海世
博会期间，著名音乐家谭盾与"昆曲王子"张军联手打造的中
国第一部园林实景昆剧《梦回·牡丹亭》，在这座江南园林里

百蝠亭

舞起水袖，演起杜丽娘与柳梦梅生生死死的爱情传奇，从当年6月初上演到10月底世博会闭幕，每周五、周六、周日演出，总计演了86场，受到中外游客的广泛好评。2012年10月，课植园始建一百周年之际，举办了"课植百年，盛装游园"活动，展示本土"课与植"的历史形态和今日回响，中外游客纷纷击掌，在体验展板上印下自己的彩色手印，留下了游园的独特纪念。

百年课植园，今人品读，园魂仍存。正如一位著名作家所言，徜徉在课植园，生思古之心，怀敬畏先贤之心，壮民族复兴之志。课植园坐落在有着"中国历史文化名城"和"上海近代工商业重镇"之称的朱家角，从地域文化的视角将"课"与"植"衍生为"人文"与"实业"，对传承课植文化更具有深远的意义。

东吴名将陆逊与西晋文学家"二陆"

　　"青山依旧在，几度夕阳红"。在电视剧《三国演义》中，东吴名将陆逊多智善谋的形象给人们留下深刻的印象。陆逊（183年—245年），是三国时期的重要的人物，对三国的局势发展起了重要的作用，《三国志·陆逊传》载：陆逊，字伯言，吴郡吴人也。三国时，青浦属吴郡，光绪刊《青浦县志》卷十七人物一中有陆逊列传。

　　陆逊从小便父母双亡，跟随叔祖父庐江太守陆康一起生活。在光绪刊《青浦县志》上，不仅陆康、陆逊有传，而且陆逊之子吴大司马陆抗和孙子陆机、陆云都有列传。由此可见，陆氏这一支血脉，根在青浦。

　　陆逊是东吴继周瑜、鲁肃、吕蒙之后的又一个声望颇高、功绩卓著的将领。他足智多谋，善于用兵。巧夺荆州一战，他利用关羽骄傲自大的弱点，设计麻痹关羽，使其全力对付曹操，吕蒙才得以兵不血刃，轻取荆州。夷陵之战时，陆逊则根据敌强我弱的实际情况，采取诱敌深入、以逸待劳的策略，待蜀军锐气顿减之时，巧用火攻，大获胜利，《三国演义》第八十四回"陆逊火烧七百里"讲的就是这段历史。

如果说陆逊是以赫赫战功而彪炳千古，他的孙子陆机、陆云则以文采斐然名垂史册。陆机、陆云兄弟俩是西晋文坛最具代表性的人物，陆机被誉为"太康之英"，与胞弟陆云并称"二陆"，在中国文学史上有着重要的地位。陆机与潘岳同为西晋诗坛的代表，形成"太康诗风"，世有"潘江陆海"之称；所作《文赋》是我国古代文学理论批评史上的重要著作；他的散文音律谐美，

陆机画像

讲求对偶，以情带理，典故繁密，开创了骈文的先河。而他的《平复帖》则是目前传世年代最早的书法真迹，有"法帖之祖"的美誉。其弟陆云作诗清新明净、结构严谨。《隋书·经籍志》录有《陆云集》十二卷，不幸都已遗失。

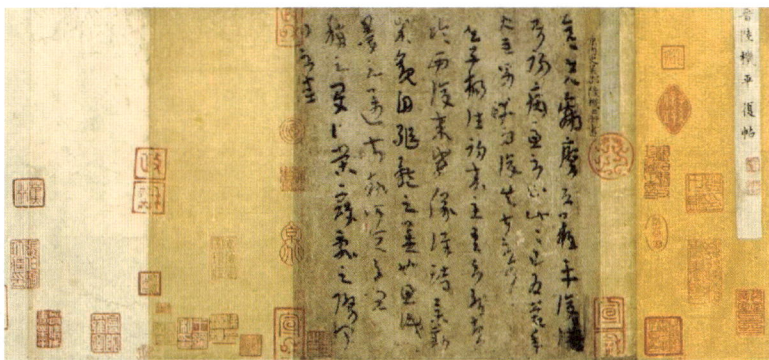

陆机《平复帖》

史书记载，陆机、陆云的人生道路坎坷。太康元年（280 年），陆机 20 岁时，吴灭，与其弟陆云退居故里，闭门勤读十余年。太康十年（289 年），"二陆"来到京师洛阳，此后双双步入仕途，陆机官至平原内史，陆云官至清河内史，故史称"二陆"为陆平原和陆清河。太安二年（303 年），陆机随成都王司马颖讨伐长沙王，任后将军、河北大都督，因兵败遭谗受

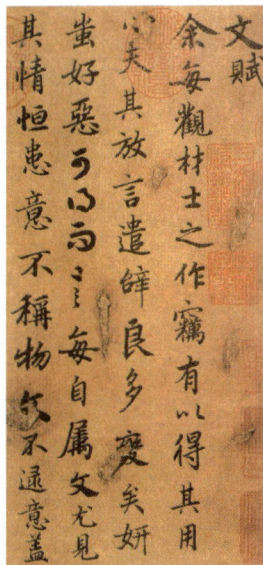

陆柬之书陆机《文赋》

到诬告，被司马颖杀害，临刑前叹息说："家乡华亭的鹤唳，再也听不到了。"陆机被冤杀后，陆云也受株连被害。"二陆"遇害时，一个 42 岁，一个 41 岁。据《青浦县志》载，青浦重固镇福泉山有陆机墓，而且有清陈琮《陆平原内史墓》诗为证：福泉山头丞相坟，通波曲曲绕墓门，日落青枫不知路，寻春来吊墓中魂。陆机墓又称丞相坟、将军墓，旧时常有文人学士来竭墓凭吊。

为纪念陆机、陆云，青浦曲水园内建有一座"机云亭"，楹联上写着"闭门十载玉出昆冈，入狱一朝鹤唳华亭"，高度概括了陆机、陆云的悲壮人生。

为纪念陆机、陆云，青浦曲水园内建有一座"机云亭"

任仁发《五王醉归图》拍卖出惊人天价

任仁发画像

2016 年 12 月 4 日，元代画家任仁发画作《五王醉归图》亮相保利拍场，经过 147 次激烈竞拍后，最终以 3.036 亿元成交，创下当年中国艺术品在全球的最高成交纪录，成为当之无愧的 2016 年中国最贵拍品。任仁发的画拍卖出惊人天价的新闻，迅速成为众多媒体竞相报道的焦点，有关任仁发的传奇人生也为人们津津乐道。

任仁发，字子明，号月山，生于宋宝祐二年（1254 年），世居青龙镇（青浦区白鹤镇）。他自幼勤奋好学，18 岁考中举人。入元后，受到平章（官名，地方高级长官）游显的器重，被提拔为青龙水陆巡警官。从此，他的一生便与水利建设结下不解之缘。经考古专家的缜密考证，2001年发现，后经发掘被评为"2006年度中国十大考古新发现"之一的上海志丹苑元代水闸，就是任仁发的杰作之一。任仁发先后出任海道千户长、浙东道宣慰副使等职，主持修治吴淞江、

上海志丹苑元代水闸是任仁发的杰作之一

盐官海塘崩溃、镇江练湖淤塞等工程，成了一名水利专家。后来任仁发以缮补大都（今北京市，元代称为大都）水闸及疏浚通惠河有功，擢升为都水少监。有一年黄河决口，也是任仁发指挥抢救，率众筑堤，在中国水利事业上做出了卓越的贡献。

与鲜于枢、赵孟頫、黄公望等同时期的文人书画家不同，任仁发一生忙于治水，书画只是他的业余雅好而已，故生前作画不多，而存世更稀。从其传世作品中不难看出，任仁发擅长画人物和马。其中，《二马图》堪称其刻画良马的经典之作。《二马图》画的是一肥一瘦两匹马，隐喻贪官和清官，是具有明确讽刺内容的绘画作品，寓意深刻。画卷的拖尾，有元代鉴藏家柯九思等人的题跋，将任仁发与元代著名书画家赵孟頫相提并论。画卷上，还钤有乾隆、

任仁发《二马图》

嘉庆等清代皇帝的多枚鉴赏印章。此画现收藏于北京故宫博物院。

　　说起任仁发的《五王醉归图》，颇有故事。该画描绘了唐玄宗李隆基登基前，与四个兄弟宴饮归来的场面。画中五王分别是临淄王李隆基、宋王李宪、申王李摇、岐王李范和薛王李业，余下四人为随从仆役，九人九骑，神态各异，呼之欲出。

　　这幅《五王醉归图》诞生以后，流传路径也是跌宕起伏，清代被收入宫中，乾隆、嘉庆、宣统皇帝均在画上盖了收藏印，并登记在皇宫书画著录《石渠宝笈》中。清皇朝覆灭，溥仪出逃时从宫中带走了一批画，其中包括《五王醉归图》。后这批清宫旧藏散落在民间，《五王醉归图》流落海外。如今，这件流转800余年的中国古代艺术珍品终于回归故土，珍藏于苏宁

任仁发《五王醉归图》

博物馆。

　　任仁发喜欢书画艺术，晚年回到故乡青龙江畔，终日以诗画为伴，自得其乐。泰定四年（1327年）病卒，终年73岁，在当时也算是长寿了。

米芾与《隆平寺藏经碑记》

北宋时期，因海上贸易兴盛，青龙镇镇市的规模越发可观，有"东南巨镇"之称，为适应这一新兴市镇发展的需求，朝廷设置"镇监"（相当于镇长），以加强镇务管理。"镇监"的职责，主要负责管理财政、水利等镇务，并兼领市舶管理海外贸易。据考证，首任镇监即为大书法家米芾。

米芾画像

米芾，字元章，北宋书法家、画家。其书画自成一家，书法擅篆、隶、楷、行、草等书体，最出名的是行书，与蔡襄、苏轼、黄庭坚合称"宋四家"；所绘山水，不求工细，多用水墨点染，独创山水画中的"米点山水"之法。徽宗时，米芾被召为书画学博士，曾官至礼部（别称南宫）员外郎，人称"米南宫"。

米芾任青龙镇镇监是宋元丰

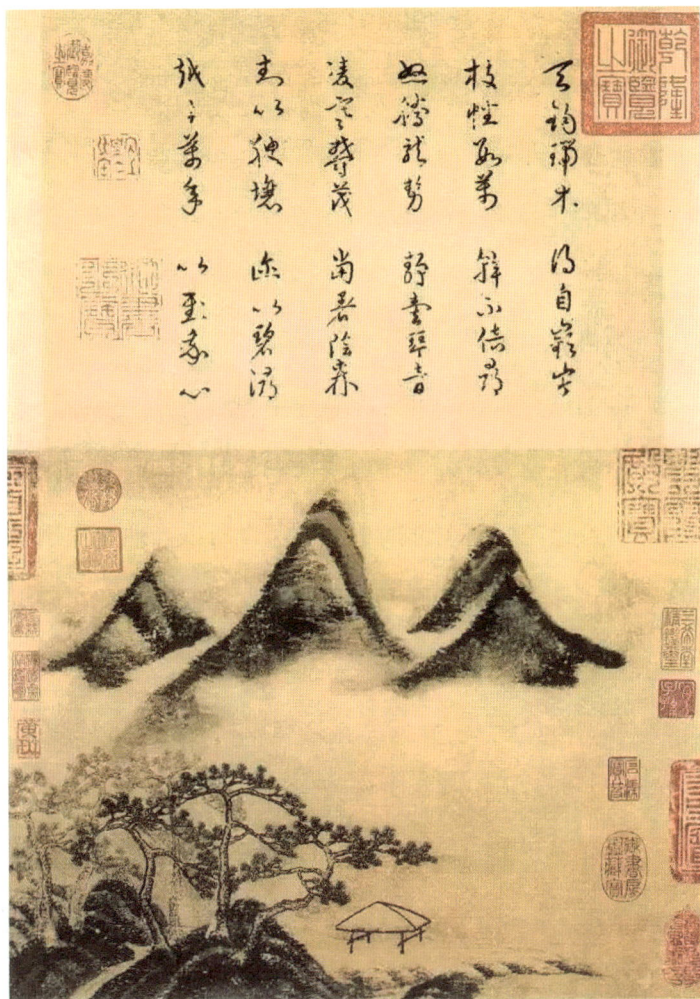

米芾《春山瑞松图》

五年（1082 年），时年三十二岁，在此之前曾在宫中任秘书省校书郎，还先后担任过临桂尉、含光尉、长沙掾。米芾于二十一岁时就已步入仕途，但为人清高又不善官场逢迎，故一生官职不大。好在他淡泊名利，热衷于弄文舞墨，每至一地做官虽政绩平平，却总有书画诗文佳作流传于世。同样，在青龙镇也留下过米芾的墨迹，那就是他手书的《隆平寺藏经碑记》。

青龙镇在唐宋时佛教兴盛，相传有"七塔十三寺"之说。隆平寺与隆福寺、胜果寺齐名，为青龙镇三大佛寺之一，始建于唐长庆元年（821年），初名国清寺，因坐落于青龙镇北部，故俗称"北寺"。当时，青龙镇三大佛寺之中的隆福寺、胜果寺都已建有藏经阁，唯独隆平寺没有藏经之所，于是在重修时由青龙镇富豪陈守通出资建起了藏经阁。米芾出任青龙镇镇监时，已是闻名遐迩的书法大家，所以当地民众请他来手书陈林的《隆平寺藏经碑记》。米芾欣然应允，并在碑记结尾写道：襄阳米芾治事青龙，宾老相过，出此文，爱而书之。这句话表达了两个意思，一是米芾管理过青龙镇；二是米芾手书此碑记。

米芾所书《隆平寺藏经记》，被收录在史志里，成为后人了解青龙镇的重要文献。据《隆平寺藏经记》载：青龙镇，瞰松江上，据沪渎之口，岛夷、闽、粤、交、广之途所自出；风樯浪花舶，朝夕上下；富商巨贾、豪宗右姓之所会。其事佛，尤盛。方其行者，蹈风涛万里之虞，怵生死一时之命；居者，岁时祈禳，吉凶荐卫，非佛无以自恃也。古时青龙镇的繁荣兴盛以及当地佛教文化的兴起被描述的十分明了。

后来，随着吴淞江逐渐淤塞，青龙镇逐渐失去了其赖以生存的地缘优势。至元代，淤塞加剧，往来商船无法进入青龙镇港口。元至正十六年（1356 年），元政府罢市舶司，青龙镇随之各业萧条，市容更见衰落了。明末，镇上的名胜古迹已十不存一。万历元年（1573 年），隆平寺轰然倒塌。从此，隆平寺消失在了历史长河中。

2010 年至 2016 年，上海博物馆考古部对青龙镇遗址进行了长期的勘探与发掘，考古专家从包括北宋书画家米芾手书的《隆平寺经藏记》在内的文献中了解到隆平寺的有关情况。特别是在 2015 年至 2016 年的发掘中，发现了文献记载中的"北寺"——隆平寺塔基及其地宫的开启，解决了青龙镇北部一个关键性的地标。这个重大发现，对于青龙镇的市镇布局研究具有重要价值。

米芾在青龙镇任职时间不长，但是这段短短的经历，为青龙镇增添了不少人文色彩。在青浦，至今还流传着米芾手书《隆平寺经藏记》的佳话。2017 年 9 月 29 日至 2018 年 1 月 3 日，在青浦博物馆举办的《青龙镇与海上丝绸之路》展览，以考古发现和历史文献为基础，分"丝路渊源""崛起东方""隆平佛光""海丝重镇""海纳百川""青龙之光"

隆平寺塔地宫内景

地宫中发现的银阿育王塔

隆平寺塔地宫发现的舍利和银舍利瓶等

六大部分，全面展示青龙镇的历史风貌。现场放映的《青龙镇游记》动画片也是本次展览的重要看点，该部动画片中米芾穿越历史风尘而来，讲述青龙镇兴盛时期的精彩故事，给观众留下深刻的印象。

元代才女管道昇：站在赵孟頫背后的女人

在中国书画史上，元代赵孟頫与夫人管道昇都以才华出众、诗书画俱佳，被时人誉为"二妙兼三绝"。他们夫妻情深、相濡以沫的爱情故事，至今还为人们所称道。

管道昇，字仲姬，一字瑶姬，青浦小蒸人（今属青浦区练塘镇），生于宋景定三年（1262年）。相传管道昇的父亲由于膝下无子，就把聪明伶俐的管道昇当儿子培养，从小教她读书识字。管道昇天生才资过人，好习书画，其书法精绝，尤擅画墨竹梅兰，还精于诗词创作，在当时是很出名的才女。她在 28 岁时与赵孟頫结为夫妇。赵孟頫原为宋宗室，入元后，荐授为刑部主事，官至翰林学士承旨，封为魏国公，管

管道升画像

道昇为魏国夫人，史称管夫人。

赵孟頫与管道昇结婚后，有段时间长住在小蒸，据《青浦县志》记载，小蒸不仅有"管家路"，还有"松雪读书台"。夫妇二人均信佛，同是金泽颐浩寺中峰和尚的弟子，赵孟頫常往来于峰泖间，青龙镇、金泽、练塘等处的寺院都留有赵孟頫手书的碑记和题额。管道昇手书的《金刚经》多至数十卷，分赠给名山名僧。

管道昇是一个不追名利、看淡权势、喜欢过清静生活的女人。婚后，赵孟頫奔波于仕途，先后任济南路总管府事及江浙等处儒学提举。这对伉俪情深的夫妻在离别的日子，始终保持频繁的书信往来。管道昇曾寄给丈夫一幅自己精心创作的《墨竹图》，并题诗一首："夫君去日竹初裁，竹已成林君未来。

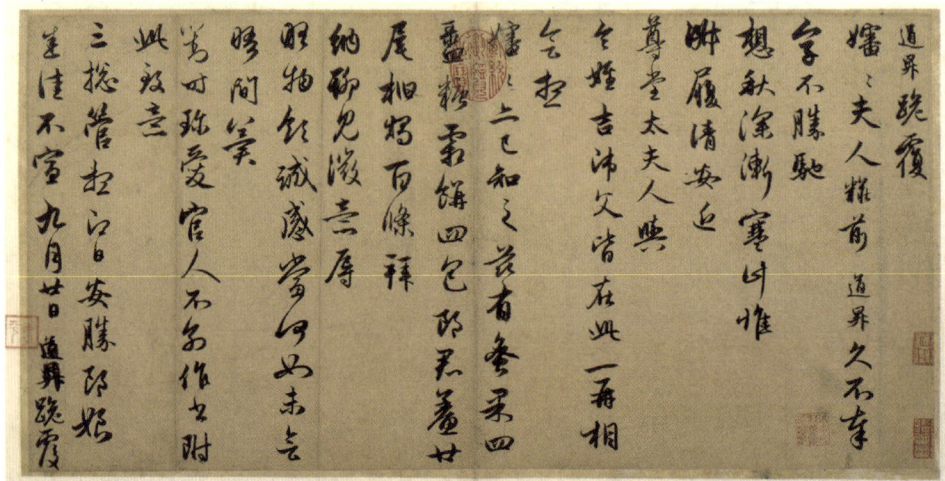

管道昇书《秋深帖》

玉貌一衰难再好，不如花落又花开。"用夫妻两人都非常喜爱的修竹来表达对丈夫的思念之情。在那段时间，赵孟頫也曾写下多首诗歌怀念远在家乡的爱妻，诗中包含着浓浓的情意。

后来，赵孟頫任翰林院学士承旨、荣禄大夫，官拜从一品。管道昇随赵孟頫到京城居住，她并没因为自己的丈夫官至一品，是朝中大员而沾沾自喜，反而对官场险恶和人心叵测感到极度的厌恶。她在《渔父词》中写道："人生贵极是王侯，浮名浮利不自由。争得似，一扁舟，吟风弄月归去休！"劝丈夫早点醒悟，辞官归隐。在管道昇的不断劝说下，赵孟頫最终还是选择接受她的建议，向朝廷递上辞呈返回故里。

管道昇写的诗词中，有一首《我侬词》，脍炙人口，堪称爱情诗词中的经典之作。传说赵孟頫一度曾羡慕苏东坡身边有个年轻漂亮的朝云，也想纳个才妾。聪慧的管道昇不露声色，作《我侬词》以答，以其异常浓烈的情愫挽留丈夫的心："你侬我侬，忒杀情多，情多处热似火，把一块泥捏一个你，塑一个我，将咱两个一齐打破；用水调和，再捏个你、再塑个我。我与你生同一个衾，死同一个椁！"此词让赵孟頫深受感动，从此打消了纳妾的念头。

特别值得一提的是，管道昇相夫教子有方，热衷传承书香画艺，栽培子孙后代，赵氏一门人才济济，子赵雍、赵奕，孙赵麟、赵凤都是当时著名的书画家。元仁宗曾命赵孟頫、管道升、

管道昇画竹

赵雍画竹

赵孟頫画竹

赵雍各书《千字文》，并将三段书迹装裱为卷轴，"命藏之秘阁，使后世知我朝有一家夫妇父子皆善书也"。今北京故宫博物院收藏的《赵氏一门三竹图》，成为这一书画世家的见证。

延佑六年（1319年），管道昇自大都（今北京）返回故里，行至山东临清因病卒于舟中，时年58岁。

清代学者王昶和"三泖渔庄"

"三泖渔庄",位于朱家角镇南雪葭浜,是清代著名学者王昶的旧居。王昶,字德甫,号述庵,又号兰泉,生于清雍正二年(1724年)。淀山湖畔的古镇朱家角,是王昶的出生之地,也是他晚年致仕叶落归根之处。他撰有《三泖渔庄集》,正如他将自己的住宅取名为"三泖渔庄"一样,故乡的湖光水色曾是他心头浓浓的乡愁。

王昶出生在朱家角

王昶

王昶画像

镇南雪葭浜一个家道中落的书香门第，未及弱冠其父即弃世而去，少年时期的他饱尝生活艰辛。相传王昶的母亲会织一手好布，王昶七岁起除每天到镇上的私塾读书外，还时常帮助家里到镇上吆喝卖布。王昶刻苦努力，勤奋好学，"少有文誉"，常得乡邻夸奖。他在三十一岁那年进京赴考，中进士。乾隆二十二年（1757年）参加乾隆南巡召试，王昶荣登榜首，获"召试第一"，授内阁中书，入军机处，后转刑部主事，不久又升为刑部员外郎。

乾隆三十三年（1768年），王昶因"两淮盐使提引事发，言语不密"，被罢职。此后受大学士阿桂器重随其行走军营九

王昶故居——三泖渔庄遗址

年，因战功卓著，被乾隆嘉奖，任大理寺卿、都察院右副都御史。从乾隆四十三年（1778年）至乾隆五十三年（1788年），王昶先后出任河南布政使、江西按察使、直隶按察使、陕西按察使、云南布政使、江西布政使，恪尽职守，政绩卓著，深得乾隆赏识。乾隆五十四年（1789年），王昶六十六岁时调回京城任刑部右侍郎，官至正二品（相当于副国级）。乾隆五十八年（1793年），王昶七十岁，致仕归籍回到朱家角。

王昶书法

有关王昶致仕的说法历来有不同的版本。民间流传的故事是：在京城官至二品的王昶，为官正直，遭朝中奸臣妒忌、陷害，被革职遣送回乡，乡亲们得知他回家乡来了，都到市梢"铁锈桥"

桥头迎接他，故后来朱家角人就把"铁锈桥"改称为"接秀桥"。

另一种说法：王昶奉旨主持顺天乡试，王昶拒绝为和珅侄子开后门，引起了和珅不满，他无中生有，倒打一耙，向皇上谎奏一本，硬说乡试有弊。和珅的阴谋虽未得逞，但此事让王昶看透了官场的尔虞我诈，遂有了思归之念。乾隆五十八年（1793年），王昶乞假返回青浦朱家角，为父母修墓。那年冬天回京，他就提出辞呈，乾隆考虑到他已年届七旬，同意了他的请求，谕曰："岁暮寒，俟春融归"，留他在京过了冬天再回去。翌年春天，王昶举家南归，回到朱家角雪葭浜的"三泖渔庄"。王昶为官数十年，两袖清风，没有兴建豪华的住宅，"三泖渔庄"依然是"疏篱间短竹"，只是将原来的经训堂改成了"春融堂"。

"为文有唐宋大家之高韵逸气"。王昶一生的主要成就，不在仕途，而是表现在学术领域。他作为清朝著名诗人、文学家、金石学家、书法家，著作甚丰。有《春融堂集》《湖海诗传》等50余种；编成《金石萃编》160卷，这是一部极有价值的资料性、学术性著作，至今还在不断影印出版；在方志学上也有不少积极的贡献，

王昶《金石萃编》

曾参与纂修《大清一统志》《续三通》，七十致仕后主修过《西湖志》《太仓州志》《青浦县志》等；王昶也是个教育家，从理论到实践，有不少真知灼见，他编撰的《天下书院总志》，为清国史馆收藏。

嘉庆十一年（1806 年）六月，王昶病逝于朱家角"三泖渔庄"，享年 83 岁。

在历经二百多年风雨后，"三泖渔庄"原址现仅存最后一排祠堂平房，虽显老旧，但不失当年风采。宗祠前那一棵枝繁叶茂、盘根错节的枣柿树，相传是当年王昶所栽。当地有关部门在镇上一座清代庭院内建造了王昶纪念馆，以纪念这位对中华文化发展作出贡献的清代学者。

王昶纪念馆

力助林则徐禁烟的何其伟

　　林则徐因领导禁烟运动维护了中华民族的尊严和利益，成为我国家喻户晓的民族英雄。青浦名医何其伟力助林则徐，以义不容辞的医者之责撰写《救迷良方》，其中便有"十八味戒烟方"，以药物帮助吸食鸦片的同胞戒烟，发挥了重要作用。只是民众不知药方由来，误以为是林则徐所开，便称之为"林十八戒烟方"，事实上何其伟是幕后的"高参"。

　　何其伟，字谷诒，号韦人、书田，晚年自号北干山人，生于清乾隆三十九年（1774年）。

林则徐雕像

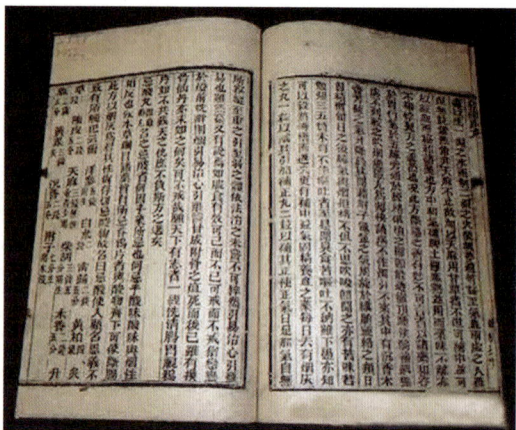

何其伟承林则徐之托，撰写的《救迷良方》

何氏为累世名医，其父何世仁医术高明，所居的青浦重固干山草堂，前来求医者络绎不绝。何其伟是何氏世医的第二十三代传人。他自幼天资聪慧，博览群书，长大成人之后，即以医为业，同时也写得一手佳文华章，《清代名医医案精华》称其"起疾如神，为嘉道间吴中名医之冠，其文章亦推重当时"。

说起何其伟与林则徐的友谊，始于道光十二年（1832年）。当时，林则徐在苏州任江苏巡抚，是年十二月林夫人罹患肝病，林则徐差人手持请柬特邀何其伟赴诊。何其伟虽已年近花甲，但他不顾年老，不避天寒，连夜从青浦经水路赶赴苏州，经他审慎辨证，对症下药，很快使林夫人的病得以好转。数月后，林则徐又邀何其伟前往复诊，还请他在林府住了十余天。在这期间，林何二人得以"把酒畅叙"，互为知音。道光十三年（1833年）三月，林则徐患了软脚病，不能自在行动，何其伟得知后前往苏州亲手为林则徐煎药、针熨，使林则徐很快康复。对何其伟的医术和文才，林则徐曾赠联加以表彰："橘井活人真寿客，欝山编集老诗豪。"上联"橘井"典故出自晋代葛洪的《神仙传》，以"橘井"誉称良药，也以"橘井"来称颂医生和医德。下联称赞何其伟撰写了不少诗作，才华出众。在何其伟六十岁生日时，林则徐又书一赠联："读史有怀经世略，捡方常著活人书。"此联见证了林则徐与一代名医的不解之缘，现已保存在国家中医药管理局。

何其伟与林则徐的交往，不仅仅是医患关系和谈诗作文，而是林则徐视其为一方乡贤，经常诚恳地听取他对一些涉及民生的重大问题之建议。林则徐在任江苏巡抚期间，十分重视治水，何其伟热心收集家乡的水情资料，为林则徐出谋划策，还将自己的思考归纳成《东南利害策十三道》，林则徐阅后非常赞赏。在禁烟运动中，林则徐除采取严厉措施禁烟之外，还积极帮助吸食鸦片的同胞戒烟，并积极推广何其伟研制的"十八味戒烟方"。在林则徐大力推广下，此方风行鸦片之重灾区，救人无数。

难能可贵的是，何其伟从未利用与林则徐的这层关系求取点什么，林则徐也未曾利用职权向何其伟赐些什么，他们之间的友谊真正体现出"君子之交淡如水"。道光十七年（1837年）何其伟病故，林则徐闻讯后怀着悲痛的心情，书就一首长诗，以示悼念。林则徐在诗中回忆了曾经与何其伟把酒论道的画面，对失去这样一位知音而感到悲伤。

　　可喜的是，何其伟、林则徐的后人仍然保持着友好情谊。2018年1月6日，在北京举行的"喜迎戊戌中国年，讲好林则徐故事"座谈会上，林、何两姓后人以"林何两族亲如兄弟，虎门精神世代相传"为题，讲述了何其伟与林则徐两位先辈的感人故事，表示要讲好先辈的故事，意在学习，重在传承，为振兴中华作贡献。

"喜迎戊戌中国年，讲好林则徐故事"座谈会会场

商务印书馆创始人夏瑞芳

　　1897 年，商务印书馆的创立标志着中国现代出版事业的发端，创始人夏瑞芳以其开创性的事业、所取得的卓越成就和深远影响，成为中国近现代民族出版业第一人。正如媒体评论，商务印书馆是中国文化史的一部传奇，它的创办人夏瑞芳更是传奇中的传奇。

　　夏瑞芳，1871 年出生于青浦朱家角镇张巷南库村，祖辈世代务农。在夏瑞芳 9 岁时，其父为了生计去上海的董家渡码头一带做小买卖，其母在上海一个外国牧师家当佣人，就把他寄养在乡下的伯父家。11 岁那年，夏瑞芳随母亲迁居到上海，入教会办

夏瑞芳

的清心堂学校读书。在清心堂书院，夏瑞芳交了三个朋友，有兄弟俩，一个叫鲍咸恩，一个叫鲍咸昌，还有一个是高凤池。

夏瑞芳遇刺前全家合影照

这四个好朋友，日后都成了开办商务印书馆的重要人物。18 岁那年，夏瑞芳的父亲去世了，他经人介绍到同仁医院打杂，从此走上谋生的道路。一年后，入英文文汇报馆作西文排字。23 岁，入英文字林西报馆。不久，入英文捷报馆，任西文排字工长。1897 年，与鲍咸恩、鲍咸昌、高翰卿（即高凤池）合股开了一家小印刷所，取名商务印书馆，夏瑞芳被推选为经理。

当时，社会上很多人都在学英语，夏瑞芳敏锐地感受到了这一点，聘请专家学者编印大小学堂教科书和《华英初阶》《华英进阶》等英语读本，大量发行，使商务印书馆声誉大增，业务兴隆。

夏瑞芳注重设备更新和技术进步，他亲赴国外学习，购买新式机器，还聘请了外国技师，设备和技术很快得到极大提升。光绪二十八年（1902 年），增设印刷所、编译所和发行所。

清末商务印书馆编译所　　　　　　民国初年商务印书馆照相制版部

夏瑞芳在商务印书馆的发展过程中，十分尊重知识、尊重人才，曾先后高薪礼聘蔡元培、张元济任编译所长，除出版大量具有权威性的教科书外，还出版辞书、学术著作和文学作品。我国历史最久、影响最大的大型综合性杂志《东方杂志》，以及《小说月报》《教育杂志》等，均由商务印书馆出版发行。一大批知名人士，如严复、

商务印书馆创办的我国历史最久、影响最大的大型综合性杂志《东方杂志》

商务印书馆印刷车间

郭沫若、沈雁冰、黄炎培、陈叔通、胡愈之、郑振铎、竺可桢、叶圣陶、周建人、陶行知等，都曾为该馆作出过贡献。陈云早年也在此馆工作、入党，参加革命活动。

为进一步扩大经营，夏瑞芳与资金、技术都具有优势的日商进行合作，合资成立商务印书馆股份有限公司，担任总经理，兼管发行工作，建立了一个自成体系的发行网。同时，吸收了一批有真才实学的知识分子进馆，网罗不少精明能干的管理人才，使印刷出版事业蓬勃发展。夏瑞芳雄心勃勃，在全国20多个城市设立分馆，在香港、新加坡、吉隆坡等地也设有分支机构，使该馆从初创时的弄堂小厂，逐步发展成为国内首屈一指的大型文化出版企业。鉴于当时社会上对日本扩张势力十分反感，夏瑞芳于 1912 年提出收回日股的建议，数次亲赴日本谈判，终于于 1914 年 1 月 6 日达成协议，商务印书馆从此成为中国民族资本的文化企业。

1914 年 1 月 10 日，夏瑞芳自发行所下班回家时遇刺，不幸身亡，年仅 43 岁。

2017 年 2 月 17 日，在商务印书馆创建 120 周年之际，夏瑞芳故居开馆仪式在他的家乡举行。人们满怀敬仰之情，纪念这位出版家，学习他的爱国情怀、创业精神和高尚情操。

夏瑞芳故居

报业巨子席裕福

　　创刊于 1872 年 4 月 30 日的《申报》，是近代中国发行时间最长、影响最大的一份报纸。

　　宣统元年（1909 年），来自青浦朱家角的席裕福以七万五千银元，从洋老板手中购买了《申报》馆的全部产权，席裕福成了中国人自己办报的先驱。

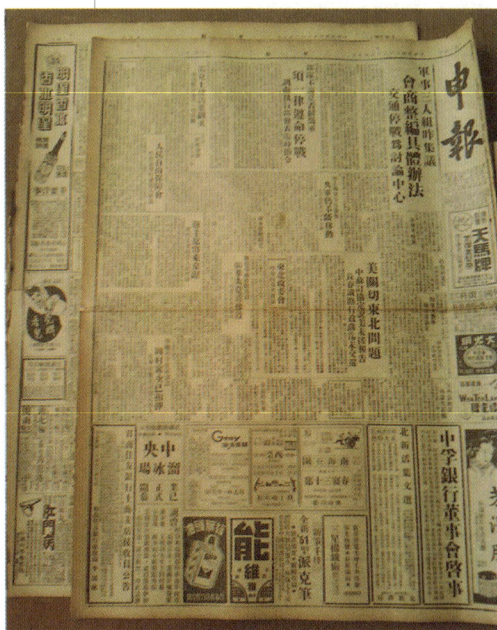

《申报》

　　最早出现在上海的中文报刊，大都不是中国人办的。堪称近代上海影响力最大的中文日报《申报》，即由英国商人美查（Ernest Major）所创办。当时，外国人办的报刊都会聘用中国雇员来编排稿件和经营，席裕棋就是美查请来任经理的，负责《申报》的经营。席裕棋，字子眉，在《申报》任经理期间，正值各省筹办水旱赈捐，以申报馆为汇

1916 年前《申报》馆老楼

集捐款之所，款额达数万之巨，但是他经管出纳无一差错，因而声誉卓著，《申报》也办得红红火火。后席裕祺病故，弥留之际力荐弟弟席裕福任经理。席裕福，字子佩，与其兄同为留洋"海归"人士，接任后不忘兄嘱，办事认真踏实，《申报》

日趋发展。

宣统元年（1909年），美查回国前将《申报》的全部产权卖给席裕福。从此，《申报》由中国人掌握，席裕福成为《申报》的掌门人。席裕福是个有创新精神

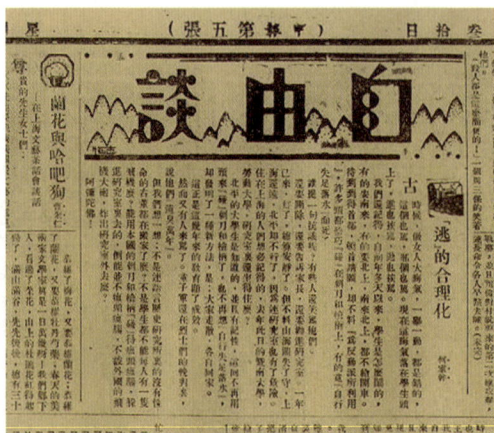

《申报》副刊《自由谈》

的开拓者，接手《申报》之后进行了一系列的改革：为方便读者阅读，报纸由单面印刷改为双面印刷，同时改变了过去书本式的版式，文字运用了改良圈点法；提升服务功能，开始刊登天气预报；增强报纸的趣味性，开辟了副刊《自由谈》，聘请青浦同乡、南社社员王钝根任主笔。1911年8月24日，《自由谈》创刊，有杂文、漫画和随笔、诗歌等，使人耳目一新。

席裕福接手《申报》时，正值辛亥革命前夜，他在政治意识上表现出对革命的同情。在此期间，《申报》对徐锡麟在安徽刺杀恩铭案和秋瑾就义案都做了报道。甚至，不顾清廷禁令大量报道了武昌起义和各地起义活动，并且在揭露袁世凯反革命面目本质时，极为有远见地认为袁氏自始至终不过是一反复小人。此时的《申报》已明显站在拥护孙中山政府的立场上。因此，《申报》深得民心。

在推进报纸版面和内容一系列改革的同时，席裕福还十分注重广告经营。以往报纸刊登的广告没有图案只有文字，显得呆板而又枯燥无味，改进后的《申报》广告版面则焕然一新，文字典雅，配图秀丽，赏心悦目，令人难忘。尤为重要的是，在内容上迎合当时社会的时尚潮流，充分展现了化妆品、西药等商品的个性特点。同时，以受众为重点，注重广告传播效果，那时看电影是非常时髦且流行的事情，《申报》中广告篇幅最多的就是电影，这些广告在煽情上下足功夫，极具渲染力，广大读者为之所吸引。

民国初期，迎来了近代中国又一轮民间办报的高潮，资本、人才、技术伴随着激烈的竞争涌向报业。不久，由洋老板支撑的《新闻报》，其发行量逐渐超过《申报》。席裕福苦心经营，总感觉压力重重。于是，在1912年把《申报》转让给著名报人史量才。史量才是一位很有作为的新闻事业家，接手《申报》后，果然不负众望，取得了引人注目的成效，使得《申报》的发行量直线上升，成为实力雄厚的大报。

晚年席裕福因体衰多病，返回青浦故里，过着平静的生活。朱家角是水乡，不通火车，交通不便，席裕福创建珠安轮船公司，开辟了朱家角至安亭的航班，衔接京沪铁路，便利商贾往返，对繁荣当地的经济起了很大作用。

1931年，席裕福病逝，享年65岁。席裕福在朱家角居住过的"席氏厅堂",是镇上现存较为典型的明代宅第建筑,如今已作为历史文化名人故居供人们参观和瞻仰。

席氏厅堂

席氏厅堂仪门砖雕

陆士谔的百年世博梦

陆士谔

　　"1910 年，一位叫陆士谔的青年创作了幻想小说《新中国》，虚构了 100 年后在上海浦东举办万国博览会的情景。梁启超等也提出在上海举办世博会，渴望自己的祖国'睡狮破浓梦，病国起沉疴'，但由于当时的中国国力衰弱，举办世博会只能是一个遥远的梦想。新中国成立以后，社会主义建设取得了巨大成就。2002 年，国际展览局决定将 2010 年世博会举办权授予中国上海，中华民族的百年世博梦想终于变成了现实！"这是温家宝总理在上海世博会国际论坛开幕式上的演讲，他所提到的陆士谔及其创作的幻想小说《新中国》，引起了媒体的竞相报道，一时间成为人们津津乐道的话题。

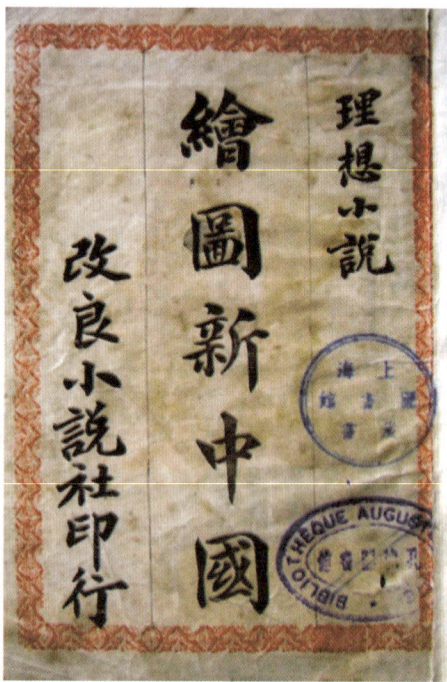

陆士谔创作的幻想小说《新中国》

陆士谔，名守先，字云翔，号士谔，1878 年出生在青浦朱家角镇。据《云间珠溪陆氏谱牒·陆士谔小传》云：精于医，负文名，著有《医学指南》《加评温病条辨》等医书十余种，《清史》《剑侠》等小说百余种，《蕉窗雨话》等笔记两三种行世。由此可见，陆士谔的职业是给人治病的医生，业余时间爱好著书立说，既写医书又写小说，是个行医的小说家。

《新中国》是陆士谔 32 岁时创作的一部以梦为载体的幻想小说。书中的"我"做了一个梦，梦见了 1951 年（小说中称宣统四十三年）万国博览会在上海浦东举行，为了方便市民前往参观，建成了"跨着黄浦江，直筑到对岸浦东"的大铁桥和越江隧道，还造了地铁。有趣的是为造地铁（电车隧道），大家还发生了争执，有说造在地下，有说要造高架，争论到最后，说是造高架行驶噪声太大，且高架铁竖柱影响市容又不方便，最终定下造地下电车隧道。除了万国博览会，他还梦见人民广场（跑马厅）建起了上海大剧院（新上海舞台）；浦东也已开发，"兴旺得与上海差不多了"；租界的治外法权已经收回，昔日趾高气扬的洋人见了中国人彬彬有礼……令人不可思议，陆士谔的这些预言一一应验。小说结尾，他与妻子手牵手前去参观，兴冲冲，急忙忙，绊了一跤，一觉醒来，方知是梦幻一场。妻子说："这是你痴心梦想久了，所以，才做这奇梦。"他却回答："休说是梦，到那时，真有这景象，也未可知。"

难能可贵的是，陆士谔的《新中国》写于 1910 年，清王朝已病入膏肓，中国五千年的国运处于前所未有的低谷。然而，当时的民众迫切盼望国家能够强盛起来，陆士谔这部小说正是源自于一种强烈的爱国情怀。陆士谔在上海悬壶行医成名后，曾与顾筱岩、石筱山等并列成为民国年间蜚声沪上的"上海十大名医"。作为名医,他有着"万金不换囊中术,上医元自能医国"的志向,在"九·一八"事变后,日军践踏东北之时,他开出"医国"处方,呼吁团结一心、救治中华,报纸刊发此文时特加编者按:"大家可以看看这个医人者,是怎么医国的?"

1949 年 3 月,陆士谔因病逝于上海寓所,终年 67 岁。如今,陆士谔先生铜像伫立在他的家乡朱家角镇银杏树广场,人们纷纷上前与铜像合影,表示要学习陆老前辈的爱国精神,践行中国梦,创造更加美好的明天。

陆士谔先生铜像

敢为人先的富民私营经济开发区

　　1992 年 7 月 26 日，《新民晚报》在头版显著位置刊登位于青浦的上海富民私营经济开发区成立和招商的消息："上海市民想创业,已经有了好去处,青浦富民私营经济区开门迎客。"此后不到一周内，沪上各新闻单位相继报道了"富民私营经济

上海富民经济开发区

开发区"成立的消息。一时间，前来咨询投资办厂的私人老板络绎不绝，热线电话铃声不断……

20 世纪 90 年代初，上海私营经济总体规模小，发展滞后。青浦练塘是老一辈革命家陈云的家乡，当时还是沪郊一个偏僻的乡镇，乡民以务农为主，没有多少乡镇工业。在改革开放、进一步解放思想中，练塘人以"敢为天下先"的胆魄和"第一个吃螃蟹"的勇气，创办了华东地区首家私营经济开发区——上海富民私营经济开发区。当时，整个华东地区还没有这样一种园区化的私营经济开发形式，香港《大公报》曾刊文惊呼"陈云家乡搞起资本主义"。

富民私营经济开发区创办伊始，即以"振兴地区经济、富裕人民群众"为宗旨，以"筑巢引凤"为战略，以宽松的投资环境、便捷的一门式服务、高效的管理体系吸引投资者，形成"统一规划、成片开发、配套政策、优化服务、自主经营、综合管理"的运作模式，被业界称为"富民模式"。富民私营经济开发区成立后吸引了一批又一批投资者，至当年年底，就有 108 家各类企业到园区落户。同时，在"富民模式"的示范带动下，青浦全区各镇相继建立私营经济开发区，为私营企业营造了园区化的创业发展环境，大大加快了私营经济发展的步伐。

实践证明，园区化是引导私营企业健康发展的有效载体。2005 年 2 月 4 日，《解放日报》以《青浦私营经济上海领先》

为题作了报道：从 1992 年在华东地区建立第一个私营经济发展小区，到如今 30 余个经济小区、47850 户私营企业，青浦的私营经济始终处于上海领先地位。该报道认为，作为青浦经济不可分割的重要组成部分，私营经济还推动着经济体制的改革。由于规模型企业日益增多，青浦私营工业企业对全区工业产值的贡献持续飙升。青浦的私营经济，不但为农村的农业生产、教育和社会福利事业发展提供了物质条件，还扩大了就业门路，推动农民从农村向城市集中。

为使"富民"顺利实现"二次创业"，2001 年，蒸淀、小蒸、练塘"三镇合一"后，练塘镇规划建设了一个占地 7 平方公里，充分体现绿色、环保的"练塘工业园区"，优先引进电子信息、精密机械、有色金属、新兴包装材料、高档家具制造、服装生产六大主导产业。并且，于 2007 年 6 月组建了以"富民"为龙头的"上海富民实业集团"，对镇域内四大经济招商公司的资源进行有效整合，使全镇民营经济进入了健康发展的快车道。

2012 年 6 月 27 日，上海富民私营经济开发区迎来 20 周年庆。据介绍，20 年发展走来，"富民"已发展成为集实体性企业和新兴技术创新区域为一体的经济开发区，截至 2011 年底，吸纳 8000 多家私营企业，创造工业产值 900 多亿元，上缴税收 93 亿元，实现了地方财力的有效集聚。

"二次创业"的成功，极大地鼓舞了"富民"人不断向新

上海练塘工业园区

高度攀登的激情。如今，"富民"在第三个十年的创业征程上砥砺奋进，大力推进园区再造，深化产业转型升级，致力于打造新的平台，争创新的优势，求得新的发展。

上海大观园：国内首座《红楼梦》主题公园

　　依偎于淀山湖畔的上海大观园，是国内首座依据中国清代名著《红楼梦》描述的意境而建造的海派寻梦乐园，是上海五星级公园，名列上海十佳休闲新景点、上海十大旅游特色园林，2000 年被国家旅游局评为国家 AAAA 级旅游景区。

　　上海大观园，原称淀山湖风景游览区，始建于 1979 年，1988 年 10 月正式对外开放。1991 年改称上海大观园，占地面

大观园正门

石桥

积也由 135 亩扩大到 1500 亩，此后经过多次整修扩建，现已成为一个观光、旅游、休闲的综合性游乐园。

全园以大湖为中心——上海大观园在设计上颇费心机，利用江南水乡的特点，在园中布置大面积人工湖泊，并以池塘、小溪沟通各景点，构成有主有支、有动有静的水系。湖边设亭、榭，湖中设曲桥、石舫、石灯，溪上设桥亭，形成山重水复、流水人家的江南园林风光。在有限空间中安置无限空间，增加景物层次，使建筑与环境融合为一，借环境气氛表达人物品格，使曹雪芹笔下《红楼梦》中的大观园景观再现人间。

"一部红楼一座园，多少前人梦里观。楼砖园草今何在？

潇湘馆

太虚幻境

依稀仍在梦里面。"有游客在游玩了上海大观园后，写下了这首诗以示赞扬。确实，上海大观园里面的整体格局是按照《红楼梦》里的描写设计而成。总体布局以大观楼为主体，由"省亲别墅"石牌坊、石灯笼、沁芳湖、体仁沐德、曲径通幽、宫门、"太虚幻境"浮雕照壁、木牌坊等形成全园中轴线。西侧设置怡红院、拢翠庵、梨香院、石舫。东侧设置潇湘馆、蘅芜院、蓼风轩、稻香村等20多组建筑景点。此外，在宅院内还有不少描绘《红楼梦》中故事情节的人物蜡像，让游客仿佛处处置身于曹雪芹笔下的小说场景之中。

如果说以建筑为主体的楼台亭榭、洞门漏窗、曲径小桥构成了园林意境，那么楹联匾额就是园林意境不可或缺的文学烘托，正如《红楼梦》中贾政所言："偌大景致，若无亭榭文字

沁芳亭

稻香村

标题，任是花柳山水也断不得生色。"大观园二十多处景点里的楹联匾额，全都出自享誉海内外的当代书画名流大家之手，游人可从中欣赏到各具神韵的正文大字、规范得体的首

省亲别墅

尾款式、朱白互补的金石印章、装潢精致的匾框艺术、真草隶篆行等各种书法流派。流畅变换的线条艺术，这也是大观园园林建筑的点睛之笔。

这里，植物品种繁多，一年四季花开不断，每个季节都有不同的特色。海棠是中国名花，以艳丽脱俗著称，"艳丽最宜新着雨，妖娆全在半开时"指的就是春雨之后的海棠美景，"春看海棠"也因此成为上海大观园春季活动的一大热点。"映日荷花别样红"，每到夏季，人工湖内上万株荷花盛开，品种多而美，景色雅而奇，游客纷纷驻足摄影留念。到了秋风送爽、丹桂飘香时，有四季桂、银桂、金桂、丹桂四大品种群，近万株桂花树，是上海乃至长三角地区为数不多的赏桂胜地。冬天，总会有许多游客

石舫

"顾恩思义"大殿

金玉满堂

紫菱洲

怡红院

　　来上海大观园梅园赏梅，梅园植梅 4000 多株，有 40 多个品种，形成疏枝缀玉缤纷怒放，如云蒸霞蔚的壮观景象。

　　为了进一步挖掘红楼内涵，弘扬红楼文化。上海大观园从 1991 年起每年都举办红楼文化艺术节，其中，为大观园"量身定制"的《梦红楼》轻喜剧，穿插了江浙沪地方戏、海派幽默对白，轻松搞笑，令人开怀；大型古装表演《元妃省亲》、江南水乡婚礼表演，《梦游太虚》舞蹈表演以及体验红楼梦 3D 画展等，让游客身处红楼梦意境，体验不一样的场景。除了红楼文化艺术节，上海大观园每年都配合上海旅游节推出红楼旅游节，开展一系列精彩纷呈的游园活动，同样受到了广大游客的热烈欢迎。

东方绿舟：青少年的"快乐之舟"

东方绿舟绿地

　　拥有智慧大道、航空母舰、湖滨广场、渔人码头、月亮湾、地球村等16大景点，设有岩壁攀登、趣桥体验、野营训练、科学探索、拓展训练、水上运动、素质测试等30余项活动项目……这里就是东方绿舟——上海市青少年校外活动营地。

　　东方绿舟位于青浦淀山湖畔，占地5600亩，其中水域面积2000亩，建筑面积15万平方米。园内有17万平方米四季常青的草坪，11万棵大树，400余种花卉树木，沿淀山湖有长达 2.4 公里的上海最长的亲水平台。作为"十五"期间上海市重大实事工程，东方绿舟于 2000 年 6 月破土动工，2002 年元旦正式建成。如今，这里已发展成为一座规模宏大的集教学实践、运动休闲、旅游观光于一体的综合性校外活动场所，全国最大的青少年校外活动营地。

东方绿舟集"实验性、示范性、开放性"于一身，融"野趣、童趣、情趣"于一体，以"自主、合作、体验、创新"为理念，经过整合的教育资源涵盖了人文、环境、科普、国防、生存、心理、体能等各个方面，是青少年学生实施"以德育为核心，

拓展训练场地

地球广场

以培养创新精神和实践能力为重点"的素质教育新天地，被誉为青少年的"成长乐园"和"快乐之舟"。

为有效发挥现有资源的教育优势，东方绿舟结合各年龄段学生的身心特点与学校教育的实际需求，有重点地整合、开发了资源，创建了以国防教育为主题的综合实践活动、以探究性学习为主线的春秋游、以素质拓展为内容的冬、夏令营和以未成年人思想道德建设为主渠道的节庆仪式教育等四大教育体系，开设了164项实践课程，逐步打造了国防教育、国际修学、拓展训练、环境教育等品牌活动。

在这里，有一艘仿真航空母舰，航母内有7层巨厦，分别设置了中国兵器博览馆、模拟射击馆、国家安全教育馆，以军械实物和声光电结合的多媒体展示形式，向青少年及游客提供军事和国家安全教育。智慧大道上 82 组由 169 位世界文明发展史上著名人物及其主要成就艺术组合而成的雕塑，是东方绿舟众多独特教育设施中的亮点。近年来，东方绿舟还精心设计了一系列仪式教育活动，如入团宣誓仪式、14 岁生日庆典、18 岁成人仪式、毕业典礼等。每年暑假，东方绿舟成了中外学生夏令营的天地。近年来，策划、推出了生存体验、挑战训练、军旅生活、科学探索、健康快乐等系列主题活动。一流的组织管理、完善的硬件设施、丰富多彩的营地生活以及优质的配套服务，吸引了中外青少年学生夏令营团队纷纷进驻东方绿舟，各项活动热闹非凡，异常火爆。数字显示，东方绿舟每年要接

仿真航空母舰

智慧大道

智慧大道名人雕像

待多达 100 多万名学生和游客。

经过十多年的不懈努力和精心打磨，东方绿舟在国内外影响日益扩大，先后被授全国青少年校外活动示范基地、全国科普教育基地、全国全民国防教育先进单位、中国国际青少年活动中心（上海）、国家 4A 级旅游景区等荣誉和称号。

淀山湖文化艺术节：承载水乡梦想的文化盛会

　　"蝶舞水城，文化盛会"、"青浦大发展，文化新干线"……淀山湖文化艺术节自2004年创办以来，不断转型深化，已成为青浦市民、上海人民乃至国内外的各界人士共同参与的文化盛事。

　　由中共青浦区委、青浦区人民政府主办的淀山湖文化艺术节，立足于加快全区文化建设，促进人民群众共享文化发展成

果，每届艺术节期间都会开展一系列文化活动，吸引近百万群众参与。经过十多年的精心培育和成功运作，如今，淀山湖文化艺术节不仅在市民中具有良好的口碑，并在青浦的文化建设中不断扩大影响力，被列为《青浦区文化发展三年行动计划（2017年—2019年）》重点打造的特色文化品牌。

不讲"大排场"，只求"众乐乐"，让老百姓成为文化艺术节真正的主角。淀山湖文化艺术节注重以青浦人演绎青浦事，将青浦水乡特色和经济社会发展中的新风新貌融入群众创作和文化表达中，展现了青浦城市新形象和江南水乡的魅力。在历年的淀山湖文化艺术节舞台上，涌现出一批如《崧泽传说》《福泉山畔好风光》《好大一片湖》《田歌声声》《摇快船》等具

艺术节戏曲演出

扇子舞

有本土特色的文艺节目，颇受老百姓的欢迎和好评。为了充分营造"人人参与、建设、享有文化"的良好氛围，淀山湖文化艺术节始终坚持突出"文化共享"的原则，吸引更多的市民参与到各类文化艺术活动中，受众不仅有广大青浦市民、学生，也吸引了许多国内外游客、外来建设者们和驻青部队官兵等踊跃参与，共享文化艺术的盛会。

坚持社会广泛参与，让更多的群众从"看台"走向"舞台"，由"看客"变为"主角"。淀山湖文化艺术节期间群众文化系列活动丰富多彩，致力于为群众搭建展示才艺、交流才华的平台，各镇、街道、相关单位和部门结合自身资源特色开展各类文化活动，许多社区文艺团队、基层文艺人才踊跃参与社区"天

市民大舞台天天演

天天演活动白鹤镇专场

天演"活动中，形成了人人参与文化、人人建设文化、人人享受文化的良好氛围，使文化艺术节真正成为人民自己的节日。数字显示，在2004年举办首届淀山湖文化艺术节时，群众自发组织的节目仅20多个，目前已经达到了近百个，参与人数也由最初的40万人次飙升至100多万人次。淀山湖文化艺术节也成为政府搭台、群众唱戏的最好诠释。

创新办节思路，提升办节水平，不断把淀山湖文化艺术节做大、做强。如积极探索将创意文化和群众文化相融合，并将市民文化大展示和群众文化活动大舞台搭建有机地结合在一起。2013年举办第十届上海青浦淀山湖文化艺术节暨首届上海（青浦）市民文化艺术节，在历时一个多月的时间里，有效地将文化艺术融入社会的各个领域、各个阶层和各个方面，这是一项创新之举，也是一次整体文化活动的转型提升。2015年，作为上海国际艺术节的重头戏之一，以"绿色青浦，上善之城"

朱家角农耕文化民间行街

朱家角水乡音乐节

为主题的第十二届淀山湖文化艺术节，分为"上之城"、"善之城"、"水之城"等三大板块，突出展示青浦绿色的生产方式、绿色的生活方式、绿色的生态环境和美丽的城乡面貌，促进了青浦新形象的推介，加强了青浦新农村的宣传。2017 年，首次跨领域实现"文商旅三节"的"三合一"，第十四届淀山湖文化艺术节暨旅游购物节共唱一台文商旅结合的缤纷大戏，活动内容分为"文化青浦、上海之源"、"环秀淀山湖、乐享青生活"、"新商业、新联动、领秀青生活"三大块，展现了青浦文化历史资源新魅力，弘扬"文化新青浦、畅享新生活"的主题，推动了文化与旅游、商贸等产业融合发展。

"中国龙舟之乡"的世界华人龙舟邀请赛

龙舟赛选手奋力划桨

　　龙舟劈波斩浪，鼓声震动四方。青浦是闻名全国的"中国龙舟之乡"，拥有得天独厚的水文化和底蕴殷实的古文化，赛龙舟在青浦有着悠久的历史和广泛的群众基础。世界华人龙舟邀请赛自 2009 年在青浦成功举办以来，作为一项以世界各国华人华侨为参赛主体的大型国际龙舟比赛，已成为青浦区"一区一品"的国际性重要体育赛事。一年一届的龙舟比赛中，龙舟健儿挥桨击流、奋勇争先，竞争十分激烈，船上的鼓声与岸边观众的呐喊声交相辉映，场面精彩纷呈，热闹非凡。

世界华人龙舟邀请赛规格之高、参赛人数之多、影响之大，在全国乃至国际已颇具盛名。第一届世界华人龙舟邀请赛于2009年9月25日至29日在青浦夏阳湖举行，主办单位为国家体育总局社会体育指导中心、中国龙舟协会、上海市体育局、上海市人民政府侨务办公室、青浦区人民政府，由上海市龙舟协会、青浦区体育局承办，本次大赛共邀请了境内外12支华人龙舟队参加比赛。第二届世界华人龙舟邀请赛于2010

举办第二届上海市家庭龙舟赛

年 9 月 12 日在风景秀美的淀浦河举办，国家体育总局副局长冯建中，上海市人民政府副市长赵雯，国际龙舟联合会荣誉主席张发强，市体育局局长李毓毅，市政府侨务办公室主任崔明华及青浦区四套班子领导出席了开幕式，来自美国、加拿大、德国、日本、新加坡、菲律宾及中国香港、中国澳门、中华台北等国家和地区的 20 支龙舟队，300 多名运动员参赛。2014 年，世界华人龙舟邀请赛首次移师有着深厚文化底蕴、悠久历史沉淀的朱家角古镇，并将赛道安排在漕港河放生桥段，实现了体育与旅游的结合、体育与文化的整合、体育与社会的融合，进一步扩大了青浦龙舟的文化内涵和品牌效应。2016 年举办的第八届世界华人龙舟邀请赛，有来自澳大利亚、加拿大、韩国、马来西亚、俄罗斯等国家和地区的 28 支队伍，400 多名运动员前来参赛，参赛队伍和参赛人数之多为历届之最。

彰显全球华人同根同宗、血脉相承的精神，是世界华人龙舟邀请赛的宗旨。一条条龙舟竞相追逐，一展水上"蛟龙"英姿，赛出了风格，赛出了水平，同时也体现了龙舟运动同舟共济、奋勇拼搏的精神。比赛期间，由青浦区组织的社区家庭龙舟队参与助赛，摇快船、渔民文化展示等具有水乡特色的水上活动，为赛事增添了新亮点。朱家角美丽的风景，也得到了来自世界各地华人的称赞。赛事之余，境外华人龙舟队分别到各街镇开展文化互动交流，共话美丽中国梦。

　　通过龙舟赛，搭建了与世界华人沟通交流的平台，增进了彼此间的友谊，为推动龙舟运动的发展作出有益的贡献。同时，也进一步向世界展示上海城市发展和社会进步的丰硕成果，展示青浦水乡的秀丽景色、悠久历史文化和改革开放的发展成果。

青西郊野公园：令人惊艳的水上森林景观

        建设一批郊野公园，是上海贯彻落实党中央关于推进生态文明建设、实现城乡统筹发展要求的重要载体和具体体现。根据已编制的上海郊野公园总体规划，全市共规划建设21个郊野公园，青西郊野公园为率先启动的5个郊野公园之一，首期项目于2016年10月建成并向市民免费开放。

青西郊野公园

　　青西郊野公园位于青浦西南部，毗邻风光旖旎的淀山湖，规划总面积22.35平方公里，第一期开园区域为4.6平方公里，充分挖掘、利用原有地理和生态资源，着力打造三大功能片区：水漾湿地生态区、江南人家体验区和水上森林生态区。其中最引人注目的是占地83亩的"水上森林"池杉林，为上海独有。这些池杉颇具传奇色彩，被誉为植物中的"大熊猫"。20世纪40年代，南京中央大学一批林业专家，在湖南、湖北和重庆交界的武陵山下河谷之中，发现了这种喜生水边的杉树。科学家们几经努力，运用播种和扦插技术，把这一藏于北纬30度深山的树种逐渐推广引种到全国各地，甚至漂洋过海。青浦区的这片池杉林是辗转迁播后，于1982年落户上海的。它位于大

杉林

水上森林

莲湖水闸南首，由上海市农业局下属林业站出资种植，尝试粮林间作湿地造林。这里地形低洼，常年积水，适宜池杉生长。如今这5000余棵池杉都已达近半米胸径，由于水位逐渐升高，已完全淹没在水中，最深处水深达2～3米。它们高耸入云，整齐排列，在粼粼波光映衬下，形成了令人惊艳的水上森林景观。

做足水文章，以"梦·江南"为主题，形成"一湖、三湾、两港、十村、十二岛、二十四桥、三十六溪"的布局。青西郊野公园充分利用水林相间、互为衬托的基地特色进行规划，设计了杉林鹭影、芳洲晓渡、莲溪庄园、鱼稻田园、枕水安居、芦雪迷踪、绿岛翔鸥、莲心禅韵八处景点，遵循"聚焦游憩功

绿意盎然的青西郊野公园

能、彰显郊野特色、优化空间结构、提升环境品质"的规划理念，体现回归自然、体验野趣的生态娱乐主题，既凸显江南水乡特色，又展现原生态自然环境，同时提供徒步、远足、健身、探险游憩场所，以满足不同人群需求。

作为上海唯一一个以湿地、生态、自然、休憩为特色的远郊湿地型郊野公园，青西郊野公园有别于其他郊野公园的特色：一是水网密布，水域面积占40%，以"湖、滩、荡、堤、圩、岛"等水环境为主要特色，包括1平方公里的大莲湖等湖泊及北横港、拦路港等各类纵横交错的河道。二是自然村落错落有致，村落大多依水而建，散落其中，有着特有的江南水乡风情。

湖区

荷田

秋季的树林

郊野公园建设反对"大拆大建"，对区域内所有村落进行保留，并结合美丽乡村建设，改善村落风貌，做到真正的"郊野"。三是农田林网发达，森林覆盖率高。有涵养林、生态林、通道林、经济林、果林等不同类型、不同季相的各类林地约一万余亩，整个地区林田交融，树林密布。

青西郊野公园秉承"绿色青浦""上善之城"的建设理念，未来将逐步形成与城市发展相适应的大都市游憩休闲、生态保护的空间格局，成为市民旅游度假的新地标、好去处。

国家会展中心：世界最大会展综合体

形似"四叶草"的上海国家会展中心

这一刻如此令人震撼，作为世界上面积最大的建筑单体和会展综合体，形似"四叶草"的上海国家会展中心，全面撩开面纱，完美绽放。2014年12月31日上午，随着"四叶草"的最后一片叶子完工，宣告国家会展中心全面竣工。

国家会展中心位于青浦徐泾镇，总建筑面积 147 万平方米，可提供 40 万平方米的室内展览面积和 10 万平方米的室外展览面积，有 13 个展厅，单个展厅的占地面积就相当于 4 个标准足球场，堪称全球之最。国家会展中心（上海）由国家商务部和上海市政府合作共建，作为新时期我国商务发展战略布局的重要组成，将在拓展世界市场和国际贸易、展现国家综合实力中发挥重要作用。

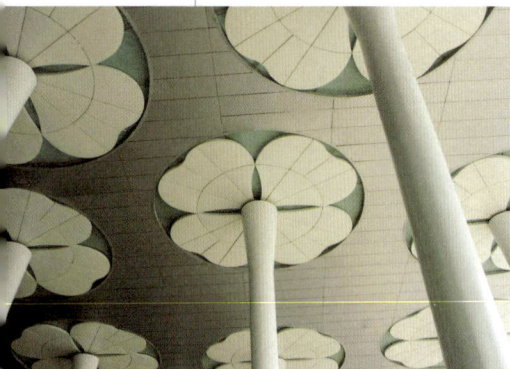

会展中心内饰

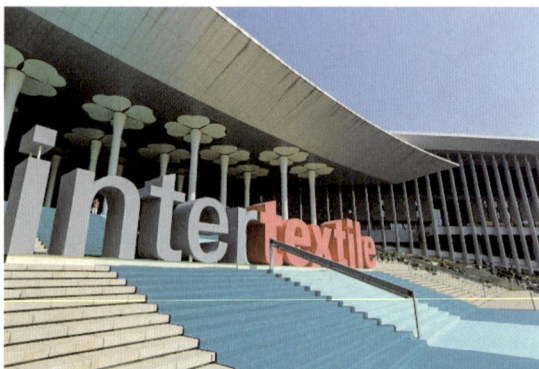

会展中心入口之一

随着 2015 年 6 月国家会展中心全面投入运营，一大批规模大、质量高、成效好、影响广、辐射强的国内外展会，在这里落地生根；一大批与新型展会相关的现代服务业在这里集聚。2015 年，共举办包括上海车展、工博会等在内共 40 余场展览，展览面积近 400 万平方米。2016 年共举办各类展览、活动 54 场，展馆经营总规模达到 427 万平方米。2017 年，展会和活动规模再次扩大，展馆经营总规模较上年又有近 8% 的增长。2018 年，首届中国国际进口博览会将在上海国家会展中心举行。2017 年 5 月，习近平主席在"一带一路"国际合作论坛上宣布"中国将从 2018 年起举办中国国际进口博览会"，赢得国际社会的高度赞誉和热烈响应。据《人民日报》报道，首届中国国际进口博览会由商务部、上海市人民政府主办，将于 2018 年 11 月 5 日至 10 日在国家会展中心（上海）举办，本次博览会展区总面积超过 24 万平方米，包括国家贸易投资综合展和企业商业展，预计将有 100 多个国家和地区的企业参加。

国家会展中心地处虹桥商务区核心区西部，这里是青浦区"一城两翼"发展战略中的"东翼"门户——西虹桥商务区。作为虹桥商务区的重要组成部分，西虹桥商务区整体规划面积 19 平方公里，打造"一核两区"功能布局，其中，"一核"指西虹桥商务区；"两区"指南片中央商务区功能拓展区以及北片转型发展示范区。

自国家会展中心落户青浦以来，在西虹桥中央商务区建设和平台经济发展等方面产生了巨大的带动作用，同时双方紧密合作，保障了一系列重要展会的顺利举办。"十三五"时期，青浦将继续举全区之力发展西虹桥商务区，全力打造中央商务区功能，以西虹桥商务区为核心引领青东地区乃至全区发展，着力推进中央商务区功能拓展区和转型发展示范区建设，加强

会展中心广场

上海车展

上海车展

青东地区规划统筹、产业联动、协同发展，打造以现代服务业为支撑的服务长三角、面向全国和全球的中央商务区功能组团。

提升会展引领功能，成为青浦区加快重点产业转型升级的重要举措之一。青浦区明确提出，依托国家会展中心功能平台，抓住上海会展协会等行业组织落户西虹桥的机会，加强政策引导，完善产业配套，重点强化创意创新能力，提升现有时尚会展、活动的市场化水平和服务能级，争取更多专业时尚广告、会展机构、活动、节事赛事落户青浦，推动高端会务、设计、广告、租赁等会展服务产业链集聚，形成集约集群发展效应。

世界手工艺产业博览会：全球最大手工艺综合体

西虹桥，绽放城市新光彩。2017 年 7 月 8 日，由中国轻工业联合会、中共上海市委宣传部、中国艺术研究院、中国非物质文化遗产保护中心、中国珠宝玉石首饰行业协会共同

翡翠工艺制品

博览会开幕式

主办的"2017 全国手工艺产业博览会暨非物质文化遗产传统技艺展"在青浦徐泾镇的世界手工艺产业博览园开幕，受到青浦区委、区政府的高度重视，青浦区委书记赵惠琴，区委副书记韩顺芳，区委常委、宣传部长姜道荣，副区长王凌宇出席了开幕仪式。

木雕工艺展示

"全国手工艺产业博览会暨非物质文化遗产传统技艺展"自 2016 年开始举办，是世界手工艺产业博览园的核心组成部分。说起这个世界手工艺产业博览园，业界的评介称其"是全球化新时代一场工艺与艺术的文明对话，是对世界文化格局调整的积极回应"。世界手工艺产业博览园于 2015 年 10 月正式落户徐泾镇，其"身份"果然令人刮目相看，这是全球唯一由世界手工艺理事会授权的世界级博览园；这是"十三五"期间《上海市工艺美术产业发展三年行动计划》的重大项目，也是上海市文化创意推进领导小组办公室重点支持项目，还是《青浦区文化发展三年行动计划（2017年—2019年）》的示范项目。世界手工艺产业博览园作为一个集文创研发、文创商务、文创金融、文创贸易于一体的世界级文创产业综合体，项目包括"世界你好"美术馆、世界手工艺大师创作基地、国匠众创空间、"中国艺交所"等，据此上海将引进全球100多个国家和地区的代表性手工艺项目，并形成具有中国特色的手工人才培训培养体系，支持、资助中国手工艺的原创人才培养。

"传承传统文化，筑就经典艺术"。世界手工艺产业博览园落户青浦徐泾镇，对于青浦打响文化品牌具有重要意义。青浦区委书记赵惠琴在出席"2017全国手工艺产业博览会暨非物质文化遗产传统技艺展"开幕仪式致辞时指出，近年来，青浦坚持文化引领发展，全力将上海打造成对外服务的门户城市和长三角一体化发展的综合性节点城市。此次博览会在青浦举办、博览园在青浦落户，是我们传承发扬中华优秀传统文化，推动文化事业和文化产业加快发展的又一重要成果。希望世界手工艺产业博览园立足西虹桥，实现大发展，把中华优秀传统文化、手工艺术、非遗技艺打造成"大虹桥"的一大特色内容，

手工艺产业博览会展厅

建成继承和弘扬中国传统文化的一个重要基地，成为青浦乃至上海的一张具有中华文化特色的国际新名片。

尤为引人注目的是，青浦区启动"融合发展"模式，将世界手工艺产业博览园举办的部分会展活动纳入了淀山湖文化艺术节。2017 年 9 月 9 日，由中国艺术研究院上海研究院、中国艺交所、世界手工艺产业博览园共同主办的"四大国宝玉器核心主创——郭石林大师传奇世界经典玉器展""墨韵香巴拉书法作品展"在世界手工艺产业博览园开幕，双展联袂、共贺世界手工艺产业博览园成立 2 周年。该活动即为淀山湖文化艺术节的一个重要组成部分，并得到了上海文化创意产业推进领导小组办公室、青浦区人民政府的大力支持。

上海在新时代迈向全球卓越城市的进程中，把打响上海文化品牌列为着力构筑上海发展的战略优势之一。中共上海市委、上海市人民政府印发《关于加强文化创意产业创新发展的若干意见》即"上海文创50条"提出，着力推动文化创意重点领域发展，世界手工艺产业博览园被列入上海建设国际时尚之都重点布局的公共载体。这个"重点布局"的含意，明确告诉人们世界手工艺产业博览园在打响上海文化品牌、建设国际时尚之都中的重要作用和地位。坐落在青浦徐泾镇的世界手工艺产业博览园，将成为青浦乃至上海又一新生的文化地标。

青浦：文化创意产业扮靓 "一城两翼"

很难想到，一家农家书屋竟然成了"网红"。在青浦区朱家角镇林家村，村民陈君芳与丈夫张瑞杰（中医博士）携手打造的"薄荷香文苑"，藏书一万余册，成为附近村民参加阅读活动的好去处。深秋时节，微风吹拂，稻浪阵阵。这里既有书香之美，又有农家生活之闲趣，被很多人称为"最美农家书屋"。

最美农家书屋——薄荷香文苑

附近村民参加阅读活动的好去处

书苑一角

这是青浦打造特色文化品牌"特色书屋"的一个画面。

文化资源可以转型成为文化资本，当文化资本被注入文化创意时，能产生文化创造力。青浦区在"一城两翼"战略布局中着力推进文创产业发展，明确提出：在"青浦新城"重点依托尚之坊时尚文化创意园、上海青浦现代印刷产业园区等代表性项目，着力打造以工业设计、时尚消费为主题的文化创意产业板块。在"东翼"重点依托国家会展中心、中国·梦谷——上海西虹桥文化创意产业园，推动会展会务、创意设计等产业集聚。在"西翼"重点依托淀山湖区域生态资源和历史资源，大力发展娱乐休闲、民俗文化等产业。

上海尚之坊时尚文化创意园有限公司

青浦现代印刷产业园区总部大楼

近年来，青浦区以供给侧结构性改革为主线，围绕"三大两高一特色"主导产业体系，积极推动文化与制造、科技、旅游、会展和商贸等产业融合发展，构建以软件信息、创意设计、广告会展和休闲旅游为特色，文化创意产业园和城市综合体商圈为载体的"4+2+X"文化产业发展新格局。文化创意产业已具备一定规模，发展态势良好，产业平台能级不断提升、产业生态环境不断优化。2017年，青浦区文化创意企业3625家，全年实现营业收入超过320亿元。目前，青浦区拥有上海市市级文化创意产业园4个（上海青园文化创意产业园、尚之坊时尚文化创意园、中国·梦谷—上海西虹桥文化创意产业园、中国北斗产业创新西虹桥基地），青浦区区级文化创意产业园2个（e通世界商务园区、移动智地文化创意产业园），青浦区区级文化创意企业26家。

在"一城两翼"发展规划和《青浦区文化发展三年行动计

划（2017年—2019年）》中，文化创意产业引人注目。青浦新城——建设新城都市文化功能核心区：以环城水系建设为载体，打造沿岸都市文化景观圈，形成"一环、四纵、八核"的文化景观体系；发挥现有文化设施的集聚融合作用，持续提升服务能级；鼓励社会力量建设标志性、引领性文化设施，提升新城文化品质品味；深入推广工业设计应用，支持基于新技术、新工艺、新设备、新材料的应用设计和文化内涵开发，进一步

北斗西虹桥基地

形成都市文化功能核心区。"东翼"——建设青东海派时尚文化集聚区：以西虹桥商务区为核心、徐泾镇和赵巷镇为重要承载区，结合城市更新和产业转型升级，推进演艺剧场、美术馆等重大项目建设和蟠龙古镇、浦西软件园等重点地块开发，做大做强会展产业，打造集文艺演出、精品展示、艺术品交易于一体的海派时尚文化集聚区。"西翼"——建设青西滨湖文旅

休闲集聚区：以"文化＋"理念，推进练塘生态林健身步道、淀山湖彩虹长桥、青西郊野公园、朱家角和西岑特色小镇及美丽乡村建设，形成"文化＋生态旅游、文化＋现代农业、文化＋亲子体验、文化＋养老康体养生"等融合发展新模式，打造集历史传承、民俗展示、生态休闲等多种文化业态于一体的滨湖文旅休闲集聚区。

通过完善重点地区、专业集聚区、重点行业的发展规划，青浦区明确了产业、行业、企业三个层面的功能定位和发展重点，形成了完整的文化创意产业规划发展指导体系，以江南水乡和历史文脉为文化基底，融入现代文化创意元素，通过激活青浦区现有文化创意资源，探索运用显性的展示和演绎，推动青浦区文化的活化和创意的物化，打造青浦区文创产业的行业首位度、产业融合度和国际知名度。

青浦的行政区域地图呈"两头宽、中间窄"的形状，形似一只翩翩起舞的美丽蝴蝶，青东、青西地区如同蝴蝶的两片翅膀。如今，这只美丽的蝴蝶正努力飞得更高、更远！

陈云纪念馆：全国爱国主义教育示范基地

陈云纪念馆于陈云同志诞辰 95 周年之际，即 2000 年 6 月 6 日建成开馆

陈云纪念馆位于陈云故乡上海市青浦区练塘镇，总占地面积 52 亩，是在"陈云故居"和原"青浦革命历史陈列馆"的基础上改扩建的，于 2000 年 6 月 6 日建成开馆。

陈云是伟大的无产阶级革命家、政治家，杰出的马克思主义者，中国社会主义经济建设的重要开创者和奠基人，久经考验的卓越领导人，是以毛泽东为核心的党的第一代中央领导集体和以邓小平为核心的党的第二代中央领导集体的重要成员。陈云在 70 多年的革命生涯中，执着追求理想、忠于党和人民，坚持实事求是、敢于坚持真理，善于总结经验、崇尚真抓实干，一贯谦虚谨慎、始终淡泊名利，为民族独立和人民解放事业的开展和成功，为社会主义制度的建立和巩固，为社会主义改革开放和现代化建设事业的开创和发展，奉献了毕生精力，建立了不朽功勋。陈云纪念馆，是经中央批准建立的全国唯一系统展示陈云生平业绩的伟人纪念馆。

纪念馆主要由铜像广场、主馆、陈云文物馆、陈云故居、陈云手迹碑廊和文化创意街等组成。整个馆区优雅恬静，放

陈云铜像

眼望去，亭角交错，绿影婆娑，人工河蜿蜒流淌。既有古朴典雅的园林风格，又有雄伟壮观的现代气派。这里，既是全国爱国主义教育示范基地、国家一级博物馆，又是全国红色旅游经典景区。

纪念馆收藏了大量有关陈云的图文及实物资料，随着展馆各类展示素材及展品的丰富，纪念馆于2014年8月启动主馆改造，经过8个月的闭馆改造，于2015年陈云诞辰110周年之际，陈云生平业绩展改陈完成并推出陈云文物展。新馆展览在吸纳更多内容的基础上，通过珍贵的史料文献、丰富的文物实物与现代科技结合，对传统展示形式予以更新，使内容与形式结合得更加紧密，提升展示的整体面貌，从而使展示更具有生命力，将其打造成具有当代特色的体验性场馆。十多年来，前来参观展览的人群络绎不绝，反响强烈。这里的展出激励着人们学习陈云崇高的思想、品德和风范，在中国特色社会主义的道路上，为实现中华民族伟大复兴的中国梦而努力奋斗。

陈云故居紧靠市河边的下塘街，是一座砖木结构的老式江南民居，总建筑面积95.88平方米。陈云两岁丧父，四岁丧母，被舅父母收养。1911年至1919年，陈云与舅父母生活在一起。现今故里的陈设基本保持了当年的原貌。

参观完陈云故居后，便来到了文化创意街。整条文化创

陈云故居前的市河和下塘街

陈云故居

意街全长约 1 公里，街上有评弹艺术馆、三里塘书屋、算盘文化馆、竹艺馆等。评弹艺术馆展示了陈云与评弹的半世情缘。陈云自幼喜爱评弹这种中国江南地区独有的艺术，10 岁前就一直听镇上的民间艺人表演评弹。后来，陈云与这一喜好相伴终生，并且始终关心着评弹艺术的发扬和传承。有着"共和国掌柜"之称的陈云善打算盘，文化创意街因此专门建造了一间算盘文化馆，纪念陈云为新中国经济建设做出的重要贡献。

追寻伟人足迹，传承红色基因。陈云纪念馆不断提升策

纪念馆序馆耸立着高 3.5 米的陈云汉白玉雕像

划展览的能力，努力提升纪念馆展览教育水平，特设"馆长讲解日""专家讲解日""专题讲解日"，邀请馆领导、陈云研究专家、业务骨干等，携手搭建与观众互动交流的平台，取得了较好的效果。不仅如此，为了更好地传播、弘扬伟人思想业绩、品德风范，更好的传承利用纪念馆的红色资源，纪念馆还组建讲课队伍，为到馆参观的全国各地党员干部、企事业单位骨干、高校师生等提供形式多样的专题授课，受到了社会上的一致好评。许多听众纷纷表示，到陈云纪念馆坐下来听讲座，加深了对展览的理解，同时也受到精神熏陶，是一件非常有意义的事。

青浦博物馆：绿色水都的文化地标

水不仅孕育了生命，也造就了人类文明。2017 年 12 月 10 日上午，来自美国、英国、印度等世界各国和地区的 150 位考古专家来到青浦博物馆参观访问。这些考古专家是在"第三届世界考古论坛·上海（SAF）"期间专门来参观青浦博物馆的。"世界考古论坛·上海（SAF）"由上海市人民政府和中国社会科学院联合主办，上海市文物局、中国社会科学院考古研究所和上

青浦博物馆

海大学承办，本届论坛主题是"水与古代文明"，探讨水资源、水管理与古代文明发展之间纵横交错的关系。通过在青浦博物馆参观，考古专家们认为江南水乡青浦具有丰富的水资源和水文化内涵，很好地体现了"水与古代文明"这一主题。

青浦博物馆创建于 1958 年 10 月，至今已有 60 年历史。该馆原址在青浦城隍庙内，藏品近万件。进入 21 世纪，建造一座全新的博物馆，被纳入到青浦区国民经济和社会发展的第十个五年计划。2004 年 12 月 8 日，青浦区博物馆新馆举行隆重的开馆仪式，正式对外开放，成为青浦区文化事业发展史上的一大盛事。为适应现代科技的不断进步和广大观众审美趋向的变化，又于 2012 年对基本陈列进行了改造提升，并获"2013 年度上海市博物馆陈列展览精品奖"，为青浦的文博事业烙上了浓墨重彩的一笔。

新馆坐落在青浦区崧泽广场，建筑面积约 8800 平方米，建筑主体为五个相交的椭圆体，其外形犹如一只展翅欲飞的蝴蝶，采用了先进的建筑装饰材料，玲珑剔透，熠熠生辉。新馆东、南两翼的陈列区域，设有"上海古文明之源"和"申城水文化之魅"两大基本陈列，在充分挖掘丰富的文化内涵、全心梳理区域历史发展文脉的基础上，采用新颖陈列手段，注重互动交流，紧扣鲜明主题，以文物展品为依托，采用场景复原式展示手法，生动演绎了水乡青浦乃至都市上海的历史故事、文化风貌，

崧泽广场

让观众在浓厚的历史氛围和优雅的参观环境中尽享文物之美、历史之真、文化之魅。"上海远古文明之源"是南翼展示主题。这里从上海成陆开始，通过介绍青浦崧泽和福泉山等古文化遗址出土的精美文物，讲述了古代上海从马家浜、崧泽、良渚、马桥文化到春秋两汉那悠远而多彩的历史，告诉观众青浦是上海古文明的发源地。"申城水文化之魅"为东翼的展示主题。观众通过"沧海桑田"来了解历史上青浦的水系

最早的上海人雕塑

博物馆中展出的宋代青龙港

变迁、建置沿革。青龙镇港湾实景复原区气势恢宏，再现了宋代海外贸易港口青龙镇的市井风情和繁华景象。其中，"桥文化""水乡风情"等板块则通过介绍明清时期青浦的民风、民俗，展示了水乡动人的风情、旖旎的风光。

"似一抹丹青，积淀千年古韵；似一座虹桥，传递内外交融；似一片绿叶，勾画碧水江南；似一字争先，书写崭新青浦。"如果把藏品当作是博物馆的心脏，那么教育就是博物馆的灵魂。在精彩纷呈的文物展品中，在光影变幻的生动呈现中，青浦博

《青龙赋》石材浮雕

物馆本着对历史、对人民、对未来负责的态度，深入发掘文物历史内涵和文化价值，强化传播意识，深度发掘文物资源承载着的城市记忆，讲好青浦故事，传播优秀传统文化，助力提升"绿色青浦、上善之

博物馆的良渚玉器

城"的城市新形象，为建设生态宜居的现代化新青浦、开创美好新生活作出积极的贡献。

数字显示，新馆开放十四年来已接待中外观众 200 多万人次，成为绿色青浦的文化地标、重要的爱国主义教育基地和重要的区域文化展示交流阵地，先后荣获上海市文明单位、上海市爱国主义教育基地、国家首批二级博物馆、全国科普教育基地等称号，走在了全国市县级博物馆的先进行列。

青浦田山歌：从田间地头唱到北京城

　　青浦地区辉煌灿烂的稻作文化，孕育了青浦田山歌的民间文艺样式。青浦田山歌是农民在耘稻、耥稻时，由一人领唱，众人轮流接唱的田山歌，又称吆卖山歌、落秧歌、大头山歌。青浦田山歌独特的旋律，融进了当地乡民的血液中，成为他们生命的一个重要部分，一首首田歌，便是一个个时代的印记。因此，田山歌在青浦区各地流传极广，在农村代代相传，流传

国家级非物质文化遗产——青浦田山歌

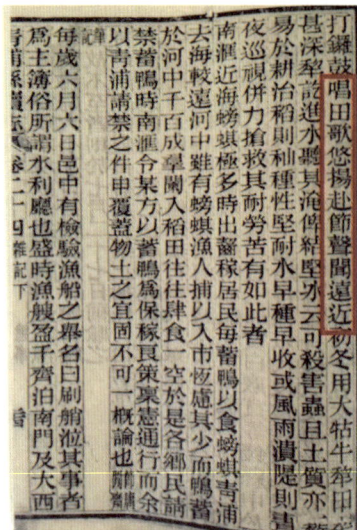

民国版《青浦县续志·杂记》记载青浦田山歌

至今。

田山歌作为传统民歌，洋溢着江南水乡的民俗民情，是参加田间地头劳作时的即兴创作和情感宣泄，是带着稻花香的原生态民歌。1953年9月，由上海市青浦县的10位农民组成的田山歌队，在首都北京参加了"全国首届民间音乐舞蹈汇演"，他们因演唱的青浦田山歌代表作"邀卖山歌"《五姑娘》而荣获"优秀演出奖"，得到了国内外专家的一致好评。周恩来总理还亲切接见了田山歌队的演员们。从此，青浦田山歌成为上海田山歌特有的名称而闻名全国。2007年，青浦田山歌被列为

青浦县的田山歌队，参加了"全国首届民间音乐舞蹈汇演"，演唱青浦田山歌代表作"邀卖山歌"《五姑娘》，荣获"优秀演出奖"

上海市首批非物质文化遗产，并被列入市重点保护项目。2008年，列入国家级非物质文化遗产名录，是上海唯一的民间文学类国家级非遗项目。

青浦田山歌主要流传于青浦区的赵巷、练塘等地区。其演唱形式独特，自成一格。赵巷的吆卖山歌的演唱形式是由头歌、前卖、前嘹、发长声、赶老鸦、后卖、后嘹、歇声等部分组成。其中的赶老鸦、歇声是合唱，而前卖、后卖、发长声等部分是一个人独唱，前卖和后卖即是承上连接的意思。而所谓的前嘹、后嘹是顺着前句接唱辅助词"虚词"的意思。练塘的落秧歌分

朱家角镇张马村演唱青浦田山歌的老人

头歌、买歌、嘹歌。头歌部分由一人独唱，接着是买歌部分由男声合唱，然后是嘹歌部分由女声合唱，不停重复。练塘南泖浜的大头山歌演唱形式分头歌、前铲、吆档、后铲，也是重复演唱。青浦田山歌的歌词内容表现在劳动、生活、思想、爱情等方方面面，来自生活，也反映生活，是观察青浦及周边稻作地区社会生活、风情民俗的重要手段，且具有社会认识、教育、娱乐、审美等功能。

青浦田山歌成为上海田山歌特有的名称而闻名全国

为了传承青浦田山歌，青浦于 2005 年分别在金泽、朱家角、赵巷、练塘建立了青浦田山歌传承基地，保护老艺人，建立传承链，恢复田山歌文化空间。经过十多年来的努力，取得了很好的成果，已建成各级传承基地 30 多个，代表性传承人体系基本建立，既为水乡青浦增添了一道亮丽的文化风景线，也形成了青浦田山歌发展的良好氛围。2007 年 5 月 19 日晚，在上海大剧院演出新版《上海回响》，来自青浦的田山歌女歌手们在民族管弦乐的伴奏下，唱出纯朴嘹亮的上海原生态民歌。在 2010 年上海世博会期间，青浦专场"上海之源"在世博园区市民广场献演，演唱《插秧天》和《水乡故事一筐筐》，两组节目均为青浦特色的田山歌形式。此次参加演出的团队曾多次代表上海、代表中国在世界范围内进行演出。据介绍，为了让更多游客能够读懂田山歌这种流传于青浦田间的古老演唱方式，青浦区文化馆对原生态田山歌加以改良，以现代化的伴奏，配以水乡生活情景的舞蹈动作，表现出水乡农民浓浓的生活情趣。

古老的青浦田山歌在原生态保护传承的基础上，焕发出旺盛的生命力。近年来，青浦的文化部门，又将青浦田山歌的保护与当地的文化艺术活动结合起来，通过举办"水乡音花"长三角地区的田山歌交流展演活动，以及参加淀山湖文化艺术节会演等，吸引了纷至沓来的中外游客，青浦田山歌成为独具特色的文化品牌。与此同时，青浦田山歌还应邀参加中国·阜宁国际牛歌文化艺术节、"巴城杯"长三角民歌邀请赛暨昆山巴城阳澄湖文化旅游节等活动，与来自江苏、浙江、安徽等多个地区的众路民歌队伍同台竞技，不仅上演了一出出田歌达人秀，也丰富了青浦田山歌的艺术宝库。

宣卷：一门古老的民间艺术

金泽镇"天天演"活动中上演宣卷

　　宣卷，源于唐代的"俗讲"，宋代的"谈经"，称得上是"古董级"的民间艺术。青浦金泽镇商榻地区，宣卷盛行已有近百年的历史，形成了江南地区一门独特的民间艺术——商榻宣卷，具有说、唱、表、噱、扮等兼而有之的艺术表演手法，以地方方言说唱，在农村中有着广泛的影响。2007年，商榻宣卷入选上海市人民政府公布的"上海市首批非物质文化遗产名录"。

　　顾名思义，宣卷即讲书的意思。宣卷艺人以讲故事的形式，为民众说讲民间事物和民间传说，故宣卷艺人则被人们称之为"说讲人"。经过漫长岁月的发展演化，宣卷艺人在表演形式上不断改进，一改以往一人说到底的单调状况，取而代之的是由一人主宣，二人帮衬，小乐队伴奏的形式。宣卷的基本曲调也丰富多彩，有"木鱼宣卷调""丝弦宣卷调""新腔""老腔""平调""书调""经赞调"等，并且吸收了各类戏曲中的名曲调，使宣卷更完美，独具一格。由于听讲的对象大都是本地农民，所以宣卷艺人的说讲语言特别注意通俗易懂，以吸引和取悦观众。

20 世纪 80 年代宣卷演出剧照

为增加演出气氛，表演者还配备一只木鱼，边敲边加入应景的即兴演唱。商榻的宣卷在发展过程中，在曲调上和形式上都形成自己的特色，为民间文化的繁荣做出了贡献。

宣卷在商榻地区几经沉浮，曾濒临失传危险。在改革开放的春风里，商榻宣卷这朵民间曲艺奇葩重新绽放。宣卷艺人常在节假日为四乡的农民演出，很受欢迎。1983 年，由青年演员孙留云等 7 人组成的宣卷队，创作演出商榻宣卷《懒阿新遇仙》，参加上海市农村业余曲艺创作节目交流演出，被评为优秀节目。

1984 年，在上海农村元宵灯会上，又演出根据传统曲目整理的《螳螂娶亲》，受到市委领导以及文化界人士的重视，《新民晚报》曾以《春来又闻

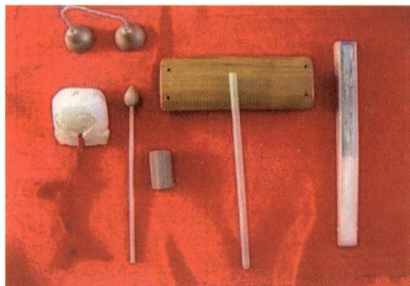
宣卷道具

宣卷，古曲已有传人》为题，对商榻宣卷作了报道。1985 年 9 月，宣卷队赴市区进行巡回演出，场场爆满，令市区观众耳目一新。商榻宣卷在深受观众喜爱的同时，也广受海内外专家学者的关注。国内外一些专家学者曾数次来商榻考察研究，探讨宣卷的起源、现状及发展趋势。

近年来，金泽镇十分重视宣卷艺术的传承工作，为使这一古老艺术得以发扬光大，后继有人，专门抽调一批宣卷老艺人从事商榻宣卷的抢救、整理和传承工作。同时，在雪米村和金泽中学设立传承基地，成立业余宣卷队，开设中小学生宣卷表演培训班，并物色了 2 名宣卷表演传承人传授表演技巧，培训了一批又一批宣卷小学员。青浦区文化馆、金泽镇文体中心积极组织开展宣卷曲艺创作、交流演出活动，先后多次在全国各类宣卷邀请赛上获奖。2015 年，宣卷队参加由中国艺术研究院曲艺研究所、上海市非物质文化遗产保护中心和浦东周浦镇联合主办的"周浦杯"全国学术邀请赛，商榻宣卷队表演的节目

《名额》受到专家评委和观众们的好评，荣获银奖节目。2016年11月，商榻宣卷队赴昆山市锦溪古镇参加宣卷交流演唱会，该队2名宣卷女演员登台表演的原创宣卷节目《静音花》为演唱会带来了一股清新的乡土文化气息，令与会专家学者和观众耳目一新，受到了较好评价。此外，商榻宣卷队创作编排的《麦钓情》《鱼蟹情缘》《田螺姑娘》《送香茗》《报春花》等5个原创宣卷节目，在苏浙沪地区举办的宣卷邀请赛、交流演唱会等大型演出活动中频频获奖，使商榻宣卷的知名度和影响力不断扩大。

在淀山湖文化艺术节上演出宣卷

商榻宣卷，洋溢着乡土气息的民间曲艺艺术，已成为水乡青浦的一张文化名片。

丝竹在白鹤

丝竹是琴、瑟、萧、笛等乐器的总称，丝指弦乐器，竹指管乐器。丝竹音乐美妙动听，盛行于长江以南地区，故称"江南丝竹"，又称"国乐"。

位于青浦区北部的白鹤镇，历史悠久，古

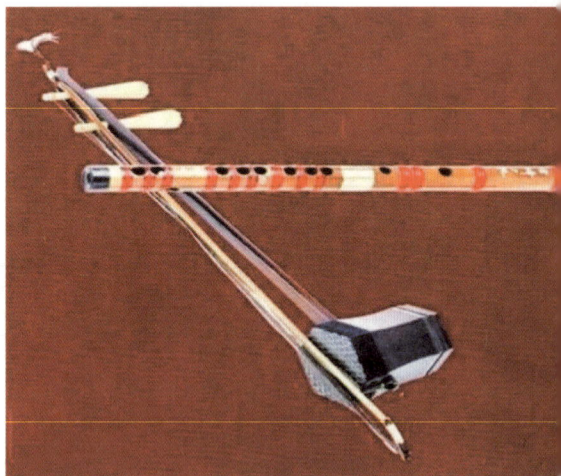

丝竹的主要乐器：二胡与笛子

韵浓厚，其前身是建于唐代的青龙镇一带。唐宋时，青龙镇是江南地区最早的对外贸易港口，市政繁华、商贾云集、烟火万家，号称"小杭州"。据宋代诗人应熙等名家诗词描述：佛阁为天下之雄，龙舟为天下之盛，莺歌燕舞，琴声悠扬。到了近代，那悠悠丝竹声，浓浓水乡情，也令人陶醉、喜闻乐见。20世纪初，白鹤地区丝竹班兴起，白鹤丝竹以音乐风格清新活泼、曲调优美流畅备受群众欢迎。

　　乐曲声声，雅韵流芳。在白鹤丝竹的发展史上，有着几支令人难忘的老字号丝竹队，长期以来一直为人们所称道。1944 年正式成立的"新记国乐社"，在众多丝竹班中脱颖而出，不仅四乡八邻闻其名而竞相邀请他们为节日助兴，而且嘉定的葛隆、安亭、黄渡和松江的佘山等乡镇还先后邀请他们前往演奏。"新记国乐社"成员穿戴一色的服装，形成一支既整齐又美观，并奏着悦耳动听曲调的喜庆乐队，因此，每到一处便被热情的群众所包围。党的十一届三中全会后，"新记国乐社"经常被邀，为区、镇召开的大型庆祝活动演奏。乐队队员沈雪宝、沈永泉赴江苏周庄参加丝竹演奏时，上海电视有线二台转播实况，同时转播的还有苏州电视台、昆山电视台。此后，他俩还多次应邀参加昆山地区的节庆活

丝竹之乡白鹤镇　婚庆喜庆丝竹韵

动演奏，当地媒体对他们的精彩演奏作了报道。继"新记国乐社"之后而起的是 1945 年成立的"天麒国乐社"，他们中有人曾拜著名的阿炳为师，这支丝竹班乐器多、实力强，直到 20 世纪 50 年代"天麒国乐社"仍然十分活跃，还为乡镇送交公粮、欢送参军等活动演奏。此外，胥沟丝竹班、陆项丝竹班、春雷国乐社等新生力量，也备受乡亲们热捧。

白鹤镇——沪剧之镇揭牌仪式

白鹤镇是中国民间艺术之乡，一直以来，以"江南丝竹之乡"和"上海沪剧之镇"闻名。进入 21 世纪，白鹤镇的丝竹声名远扬，特别是丝竹结合沪剧的演唱形式，更受广大群众的喜爱。以原白鹤沪剧团乐队为基础成立的白鹤文化中心丝竹队，其中多人是上海市江南丝竹协会的成员，称得上是国乐能手、演技精湛。白鹤文化中心丝竹队实力雄厚，曾

白鹤镇沪剧节

由江南丝竹协会会长、上海音乐学院教授陆春霖多次辅导，名声远扬于上海西部地区。2000 年，中央电视台东方时空栏目摄制组专程来拍摄白鹤文化中心丝竹队的文艺活动，后又在《老百姓的故事》节目中播放了白鹤丝竹队的演奏和表演实况。中央电视台 1-4 台也分别转播，其中 4 台还将它翻译成外文，向世界播放。2008 年，白鹤镇被列入上海市非物质文化（沪剧）传承基地。2010 年，白鹤文化中心丝竹队改组后更名为"鹤音艺术团"，承袭当年白鹤沪剧团和白鹤江南丝竹队的人才优势，多年来一直活跃于青浦淀山湖文化艺术节、上海世博会和上海白鹤草莓节等各级重大活动和各类群文创作比赛、文艺展演舞台。

"明日之星就是你"。2016 年 10 月，在淀山湖文化艺术节白鹤系列之少儿沪剧丝竹才艺活动秀舞台上，二胡曲目

明星就是你——白鹤沪剧演唱比赛

《赛马》、古筝重奏《荷塘月色》等 10 余个精彩纷呈的节目轮番上演，怀揣艺术特长的白鹤小演员们倾情演奏民族乐器，现场观众纷纷以掌声和喝彩声加以鼓励。白鹤丝竹有传人，这些"明日之星"将为白鹤丝竹的持续发展增添活力，为"江南丝竹之乡"这张文化名片增色。

练塘茭白——全国名特优新农产品

2017 年 11 月 30 日，农业部发布《2017 年度全国名特优新农产品目录》，练塘茭白名列其中。这已不是练塘茭白第一次获得"国家级"荣誉。从 2013 年开始，农业部开展全国名特优新农产品目录编发工作，每两年发布一次，实行动态管理，发现不符合规定要求的，立即发布公告，勒令退出。每一次，练塘茭白都通过严格的审核，荣获佳誉，连续保持榜上有名。

练塘茭白田

在此之前，练塘茭白于 2008 年 10 月经国家监管总局发布公告，成为上海首个获得国家地理标志产品保护的蔬菜品种。

地势低洼、水网密布、荡田居多、太浦河畔水土环境优越，这些特点让练塘成了全国闻名的茭白之乡，被誉为"华东茭白第一镇"，出产的茭白享有"水中人参"的美誉。练塘种茭白可上溯 400 余年，但大量种植茭白是 20 世纪五六十年代，到 70 年代更加普及。"练塘茭白"丰富了城乡居民的"菜篮子"，同时也为当地农民增加了可观的收入，茭白产业成为练塘镇农业生产的主导产业，种植茭白成为当地农民的主要经济来源之一。如今，茭白占了练塘农业耕地总面积的五分之二左右，共有 2 万亩，年产量达到 8 万吨左右，总产值近两个亿，

练塘茭白，具有"鲜、甜、嫩"的特点，吃口糯，味道清甜，且具有丰富的营养，不仅含有蛋白质、核黄素、纤维素、硫胺素，还富含人体所

练塘茭白

必需的钙、磷、铁等微量元素，有清理肠胃之功效。练塘茭白，能与各种荤素菜肴搭配，无论蒸煮炒拌，俱佳，成为一年四季常见于市民餐桌上的优质素菜。

练塘镇是"市级农业标准化示范区"，由于茭白是水生蔬

茭白丰收

菜，严防农药残留成为重中之重。为此，练塘镇设立了多个农药指定供应点，并定期抽查台账，确保茭白的质量安全。为了保证市场供应，练塘镇还兴建了总容量达万吨级的冷库，为合作社和其他种植户存储茭白，可以保证市民一年中有十个月可以吃到新鲜可口的练塘茭白。

　　尽管茭白产业给当地农民带来了可观的收入，但每年产生的1000多吨茭白叶也是一个值得重视的问题。20世纪90年代，练塘人开始用茭白叶编织工艺品，结果一炮打响，日本客商见到样品后连连称赞并当场签下一批合同，从此练塘人走出了一条发展绿色循环经济的新路子。如今，当地农民用茭白叶加工编织出了一件件图案新颖、色彩斑斓的工艺品，这些工艺品深受海外客商的欢迎。聪明能干的练塘人把原来只能烧成灰沤肥的稻秆、茭白叶变成了人见人爱的"艺术之宝"。据介绍，这

茭白叶编织的工艺品

项绿色产业链，如今每年可创产值近 5000 万元，综合利用当地农作物废弃物 1800 余吨，带动农户 3200 多户，有 5100 多名农村富余劳动力参与茭白叶编结，年增农民收入达 1500 万元。

自 2008 年起，练塘镇每年初夏都举办茭白节，旨在"以

练塘茭白节海报　　　　　　　　茭白叶编织的工艺品

茭白节上展示编织工艺

茭为媒",延伸茭白产业链,开发农业旅游资源,以此带动农业增效、农民增收。十年来,在"茭白节"成功举办并打响练塘茭白品牌的同时,练塘镇的"三一"产业得到有效对接。据统计,练塘茭白节每年吸引游客达 10 万人次,借此练塘成为青浦区的一个集陶冶情操、生态观光、休闲度假等功能于一体的新型精品旅游城镇。

入驻"大世界"的青浦非遗项目

上海大世界

　　原汁原味的织布演示、各式各样的烙画"葫芦娃"、变废为宝的茭白叶现场制作……2017年8月，在上海"大世界"百年诞辰之际，青浦区受到"非遗大师展"的邀请，烙画、土布染织技艺和茭白叶编结技艺三个非遗项目入驻大世界，进行现场展示，吸引了游客驻足观看，欣赏传统文化的艺术魅力。

作为坐落在上海市中心唯一一个推广传统文化的地标，修缮一新的"大世界"以"非物质文化遗产"与"民俗、民族、民间"文化为主题，定位于非物质文化遗产的活态传承，开设非遗展览、非遗表演、非遗传习、数字非遗、非遗美食五大功能业态，引领观众一起共同探寻非遗、聆听非遗、品味非遗、体验非遗。无疑，"大世界"的这个非遗平台，得到了来自各方面的支持，同时也获得了广大观众的好评。青浦地理位置优越，自然环境优美，历史悠久，所拥有的非物质文化遗产绚丽多姿、异彩纷呈。这些宝贵的非物质文化遗产资源与水乡特有的生产、生活方式密切相关，是江南地区稻作文化和民俗风情的活态体现。为了扩大对青浦非遗的宣传，青浦区非遗办抓住非遗项目入驻大世界进行现场展示的契机，让更多的人认识、了解青浦区的非遗特色。

这次青浦入驻大世界进行现场展示的三个非遗项目，均为传统技艺类项目，其中：烙画是以在摄氏三百度至八百度的烙铁代笔，利用碳化原理，不施任何颜料，在竹木、宣纸、丝绢等上，取其相应温度进行勾、擦、点、烘、磨等。本次入驻大世界的烙画展品都是以创新思路创作的"葫芦烙画"，在一个个大小不一、形状不同的葫芦上，烙上动植物、水乡

各式各样的烙画"葫芦娃"

民俗等精美图案。土布染织技艺，是流行于上海郊区及相邻
江浙地区的全棉手工纺织工艺，土布运用手纺的棉纱，依靠
各种色线，通过图案的重复、平行、连续、间隔、对比等变

土布染织

化，交织出绚丽多彩的几何图形，颇具浓烈的艺术魅力。茭白叶编结技艺，以茭白的废弃物——茭白叶编结，变废为宝，编制成日用品及装饰品，如帘子、坐垫、动物、玩具等上百种精致优美的工艺品，这些工艺品深受海外客商的欢迎，茭白叶变成了人见人爱的"艺术之宝"。

据介绍，青浦地区有着丰富的非物质文化遗产资源，经过多年的努力和挖掘，逐步推进各级非遗项目名录、传承人的申报，至 2017 年青浦区已有非物质文化遗产项目 22 项，

变废为宝的茭白叶现场制作

其中国家级 1 项：田山歌；市级 12 项：阿婆茶、摇快船、宣卷、

江南丝竹、涵大隆酱园酱菜制作技艺、竿山何氏中医文化、

烙画、土布染织技艺、簖具制作技艺、船拳、小刀会传说、

淀山湖传说。

　　青浦区高度重视非物质文化遗产项目的保护与传承，按照"保护为主、抢救第一、合理利用、传承发展"的方针，积极做好非物质文化遗产的保护、保存和传承、传播工作，建立了各级非物质文化遗产名录体系，对全区范围内的保护责任单位、传承基地和传承人进行长效、动态的管理。同时，积极开展各类交流展示活动，让人们不仅可以感受到青浦地区深厚的历史文化积淀，也了解到青浦民间的智慧和富有特色的地域文化。

张马村：一幅美丽乡村的水墨画卷

张马村位于朱家角镇的最南端，这里有着典型的江南水乡风貌：河道、水田纵横交错，依河而建的村庄错落有致。村里，绿篱菜园，蜂蝶轻轻地飞；白墙黑瓦，炊烟袅袅地飘。村外，水田纵横，白鹭在一片绿油油的茭叶上掠过。漫步张马村，宛若置身一幅水墨画卷，令人赞叹不已。近年来，张马村先后被授予上海市首批市级"美丽乡村""中国美丽乡村百家范例""中国最美休闲乡村""全国生态文化村""全国文明村"等荣誉称号。

"清不清看河道，美不美看庭园"。张马村是水乡，在"美丽乡村"建设之前河道大多淤积严重，行船困难，沿河两岸居民多搭建有鸡棚、鸭棚等民用建筑，严重影响了河道运输安全与河道水质。通过水环境综合整治，清理318条沉船，拆掉158座鸡鸭棚。同时，疏浚全村14条河道，在两岸建起生态护坡，并种上花草。根据群众诉求，布设了人行桥2座、亲水平台4座、码头4座、凉亭2座、步道2公里，拓展文体休闲功能，打造公共亲水空间。如今，河水清澈，河岸美观，整齐的护岸河堤

张马村一角

紧接着 1150 米的生态长廊，构筑了一道亮丽的风景线。与此同时，村委对宅前屋后、左邻右舍的庭园，进行全面改造，家家户户呈现出精致小巧的庭园风光。

张马村不仅注重自然环境的美化，而且重视农村文化和精神文明的建设。立足修身计划，在全村范围内开展"家风家训上墙"活动；大力宣传社会文明新风，开展"讲文明、树新风、促和谐"活动；以村事务工作站为平台，建立以老党员干部和村民小组长志愿者队伍；建设农家书屋，以及组织开展田山歌、摇快船等活动，丰富了村民的娱乐、文化生活……着力提升美丽乡村建设内涵，不断为其注入灵魂，注入生机，切切实实让群众享受到美的真谛。

美丽乡村——张马村

"村民生活在美景中，也收获在美景中"。美丽乡村建设推进了走"生态经济"发展之路。洁净的水源、肥沃的土壤是张马村最大的优势，除了种植茭白、水稻等传统农作物外，还引进了特种水果（蓝莓、樱桃等）、薰衣草，逐步形成了寻梦园、蓝莓园、农情园等特色种植的乡村庄园。其中，寻梦园占地 400 亩，本着打造东方普罗旺斯的设计理念，以法国薰衣草系列为主题，种植了近 200 种香草花卉。蓝莓园占地 300 亩，已种植蓝莓 180 亩、突尼斯软子石榴 20 亩、苹果 20 亩、樱桃 10 亩，还零星种植了黑莓、无花果、梨等，水果年产量可达 300 吨，产值超千万。农情园占地 120 亩，主要有农耕体验、蔬菜采摘、特色水果采摘、鱼塘垂钓等休闲区。

　　融合"美丽乡村"一、二、三产业链，形成新型旅游农业产业链，张马村观光农业已相对成熟。碧水环绕的村庄，大片的绿色田野，以及寻梦园、蓝莓园、农情园等特色种植庄园，构成了丰富的农事旅游资源，展示出一幅四季鲜花、水果飘香、蔬菜青翠、鱼儿跳跃、家禽欢奔的欢乐祥和的农家风情画，为市民提供了一系列可以休闲娱乐、验农家生活的场所，吸引游客纷至沓来。

　　随着地铁 17 号线开通和长三角一体化，青浦的朱家角古镇游客日趋饱和，眼下朱家角镇正在规划把距离古镇仅六公里的张马村，用三年时间打造成又一个 4A 景区，让这个没有工业、

张马村的寻梦园种植大面积薰衣草

历史悠久、文化遗存丰富的小村庄，成为上海的又一处世外桃源。未来，游客在朱家角游古镇，在张马村体验农事，感受乡村田园的风土人情。与此同时，以张马村为中心，沿沈太公路辐射周边 20 平方公里范围内的 6 个周边村，打造"美丽乡村集群"，为实现乡村振兴战略提供新样板。

蔡浜村："水中蓬莱岛"的美丽样本

金泽镇蔡浜村坐落在淀山湖北侧的最东首，三面环水，素有"水中蓬莱岛"的美誉。凭借着得天独厚的生态环境优势，蔡浜村在创建美丽乡村过程中以"村美、民富、人和"为目标，充分发挥区位优势，着力通过抓好生态文化建设，助推生态经济和农业旅游发展，努力打造美丽蔡浜、幸福家园，近年来先后荣获了上海市美丽乡村示范村和全国文明村、全国生态文化村、中国最美休闲乡村等多项殊荣。2018年4月12日，国家发展和改革委员会主管的中国经济导报刊登记者报道，将蔡浜村列为"美丽乡村建设之上海样本"的一个典型案例。

"蔡浜村里变化大，文明不比城里差。生态大道绕村走，黑色路面通到家。绿树成荫瓜果香，小河清清见鱼虾。

生态大道绕村走，黑色路面通到家

和谐蔡浜

邻里和睦互相帮，安居乐业人人夸”。这是蔡浜村的村民们
为自己村编的顺口溜。蔡浜村注重用生态吸引人，用生态
促发展，利用三面环湖的良好水资源优势，大力开展“绿
化、美化、硬化、亮化”工程，特别是积极拓展造林增绿空

小河清清见鱼虾

间，推进休闲绿地、文化广场、湿地公园建设，不仅拥有了1200米长的环村生态大道，而且在村庄主要道路、村宅周边种植了大量桂花、红枫、樱花、海棠、黄杨球等观赏类树木，并在每家每户庭院内开展栽种果树活动，使村庄呈现出绿化成荫、道路宽阔、粉墙黛瓦、水清岸绿的美丽景色，更加具有江南水乡韵味。

曾经，做虾笼是蔡浜村村民家庭的主要经济收入，据村中老人介绍，该村做虾笼鼎盛时期曾远销江浙一带，并从中获得颇丰的收益。当然，现在的蔡浜村为了致力于环淀山湖的环境保护，已经不再涉足制作虾笼，在这里也看不见工业的开发。自美丽乡村创建活动开展以来，为提高农民收入，蔡浜村利用淀山湖的自然环境优势，主打生态宜居、生态观光旅游这张牌，积极发展生态经济。在产业建设方面，通过农田林网建设、经济果林建设、景观绿化改造等举措，不断探索农业休闲体验产业模式：一方面把种植青浦红柚经济林、大棚特色蔬果都作为观光农业的一部分，另一方面创办农家乐、农家宾馆，吸引越来越多的游客到村里体验慢生活，品味农家菜、淀山湖水产，以及进行休闲垂钓、种菜等一系列农业休闲体验活动。由此，初步形成了农民增收、农业增效的新的产业平台，进一步增加了集体和村民们的经济收入，使村里逐步形成了产业生态化，生态产业化的良性循环。

远眺蔡浜村

流传了 700 多年历史的商榻阿婆茶，是上海市非物质文化遗产保护项目。蔡浜村作为商榻阿婆茶的发源地，近年来，该村在传承阿婆茶文化的同时，进一步挖掘

蔡浜村阿婆茶

阿婆茶文化的内涵，积极组织文艺爱好者创作编排了阿婆茶的演唱、舞蹈、诗歌、朗诵和茶艺展示等节目，宣传源远流

长的阿婆茶文化。每年 5 月，蔡浜村还在村文化广场上举办大型的阿婆茶主题文化活动，大张旗鼓地弘扬乡土文化。如今，阿婆茶已经成为蔡浜村的一张文化名片，正在为该村发展农业观光旅游发挥其独特的功能作用。

美丽新农村，应该是由内而外的美。在蔡浜村村口，有一个长廊，上面挂满了写有村民家风家训的灯笼。这些家风家训，或是由村民自家一脉相传至今，或是由村民从村委会收集的 1000 条家风家训里挑选出来。除了印上灯笼，还由书法家写好，统一装裱，悬挂在各家各户的厅堂之上。有媒

美丽蔡浜、幸福家园

体评论认为，只有每个村民真正融入美丽乡村建设，美丽乡村才能不流于形式，真正富有生机。或许，这正是蔡浜村这种全新概念的"世外桃源"留给美丽乡村建设的启示。

后记

　　"海派文化地图"丛书的第一推动力来自中共上海市委关于制定"十三五"规划的建议，其中明确提出要"弘扬海派文化品格……基本建成国际文化大都市"。

　　2017年12月，中共上海市委书记李强提出："丰富的红色文化、海派文化、江南文化是上海的宝贵资源，要用好用足，大力发展有竞争力和影响力的文化产业。"

　　2016年1月，在上海市政协十二届四次全会上，柴俊勇委员的提案《关于弘扬海派文化品格，加快建设上海国际文化大都市的建议》被《新民晚报》以通栏标题"让海派文化也做到全球连锁"发表。"海派文化地图"丛书自此起步。丛书按区分卷，分别介绍16个区的海派文化资源特色和与海派文化有关的知名人物，故称之为地图丛书。

　　2016年9月，在上海市政协文史资料委员会和虹口区政协共同主办的海派文化传承与发展研讨会上，市政协副主席高小玫深入阐释了海派文化的内涵、形成和特征，以及海派文化对于上海城市建设和弘扬上海城市精神的重要意义。市政协副

秘书长齐全胜、市政协区县政协联络指导组组长顾国林、虹口区区长曹立强、市政协学习委常务副主任柴俊勇、市委宣传部副部长燕爽、市政协文史委常务副主任刘建、时任上海交通大学出版社总编辑刘佩英等为"海派文化地图"丛书举行了启动仪式。

上海的海派文化之热，起于新世纪初。2002 年 6 月，上海大学"海派文化研究中心"成立，主任李伦新，副主任方明伦。2003 年 11 月，上海交通大学"海派文化研究所"成立。熊月之教授任所长，戴敦邦教授任艺术总监。纵观新中国的上海媒体，谈及海派文化的有 7000 余篇，颇有声势。

新一轮的高潮，起于 2015 年的虹口。在上海文化发展基金会支持下，虹口设立了"海派文化发展专项基金"，两年后建起了"海派文化中心"。

与上一轮相比，今天的海派文化旋风更加务实。上海市社团管理局登记在册的"海派"社会团体 10 余家。上海工商局登记的以"海派"命名的企业有 30 余家，几乎涉及各行各业。与此同时，各类关于"海派文化"的学术研讨会、论文集及主题活动等层出不穷，微信公众号"海派文化"、以"海派文化"为主题的时尚杂志《红蔓》等亦流行开来……

2016 年末，上海市政协召开优秀提案新闻发布会，《关于弘扬海派文化品格，加快建设上海国际文化大都市的建议》

被评为优秀提案。海派文化再次被沪上媒体广泛关注。不少媒体都以"海派文化地图"丛书为新闻眼，踊跃报道。

"海派文化地图"丛书得到了各方面的大力支持。在中共虹口区委的两任书记吴清、吴信宝的关心下，丛书得到了"上海文化发展基金会海派文化专项基金"的支持，浦东、黄浦、杨浦、崇明政协迅即行动起来，知名作家、高级记者纷纷加盟参加创作；浦东、黄浦、杨浦、崇明政协行动迅速，率先完成相关分卷的编撰。

编委会主任吴清（现为上海市副市长）等领导参加的四书首发，成为 2017 年上海书展的亮点。

"海派文化地图"丛书青浦卷在编著过程中得到了青浦区领导的重视和支持，区委书记赵惠琴看望了"海派文化地图"丛书编委会赴青浦组稿的工作小组；区政协主席李华桂、区政协副主席董永元出席"海派文化地图"丛书青浦卷编著工作沟通协调会，就本书的推进工作给予指导。区政协副主席董永元主持召开了由青浦区史志办、青浦区作协、青浦区档案局、青浦区文广影视局、青浦区文化馆等业务部门的负责同志和行家及申城"最美农家书屋"薄荷香书店管理者参加的编撰工作座谈会。在全书编著的整个过程中，区政协办公室大力支持，提供了大量弥足珍贵的历史资料。

我们在编撰中说得最多的一句话："要用海派文化的精神

来编撰'海派文化地图'丛书。"说的就是"海纳百川",感谢来自青浦方方面面的支持,没有各位的支持,不可能完成青浦卷的编撰。无百川相汇,何以成海?

执行总主编 浦祖康

2018 年 5 月